KB123701

앨빈 토플러의 『제3의 물결』 읽기

세창명저산책_063

앨빈 토플러의 『제3의 물결』 읽기

초판 1쇄 인쇄 2019년 2월 11일
초판 1쇄 발행 2019년 2월 18일
_

지은이 조희원
펴낸이 이방원
기획위원 원당희
편 집 윤원진·김명희·안효희·강윤경
디자인 손경화·박혜옥 **영 업** 최성수 **마케팅** 이미선
_

펴낸곳 세창미디어
출판신고 2013년 1월 4일 제312-2013-000002호
주소 03735 서울시 서대문구 경기대로 88 냉천빌딩 4층
전화 02-723-8660 **팩스** 02-720-4579
이메일 edit@sechangpub.co.kr **홈페이지** http://www.sechangpub.co.kr/
_

ISBN 978-89-5586-559-2 02330

ⓒ 조희원, 2019

이 도서의 국립중앙도서관 출판시도서목록(CIP)은 서지정보유통지원시스템 홈페이지(http://seoji.nl.go.kr)와 국가자료공동목록시스템(http://www.nl.go.kr/kolisnet)에서 이용하실 수 있습니다. CIP제어번호: CIP2019002877

_ 이미지 출처: https://www.flickr.com/photos/kubs1905/24197212922/in/photostream/

세창명저산책_063

Alvin
TOFFLER

조희원 지음

앨빈 토플러의 『제3의 물결』 읽기

세창미디어
MEDIA

머리말

산업혁명 이래로 우리의 삶은 더할 나위 없이 풍요로워졌다. 그런데 이 풍요로움 속에서 우리는 과연 행복한가? 행복하다고 느끼지 않는다면 그 이유는 무엇일까? 이에 대해서는 쉽게 몇 가지 이유를 들 수 있을 것이다. 첫째, 삶의 모습이 지나치게 빨리 변화한다는 점이다. 산업혁명의 기치가 되었던 기술혁신은 우리의 삶을 풍요롭게 하는 데 그치지 않고 매일같이 새로운 하드웨어와 소프트웨어들을 쏟아 냈다. 오늘날 우리는 출현주기가 지나치게 짧아진 새로움에 적응하느라 진이 빠진 나머지 새로움에 질질 끌려다니거나 새로움을 외면하는 데서 오는 불편함을 감내해야만 하는 웃지 못할 상황에 부닥쳐 있다. 둘째, 짧아진 변화주기만큼이나 다양해지고 변화무쌍한 삶의 방식들 또한 우리를 당황스럽게 한다. 한국의 경우, 불과 30-40여 년 전만해도 훌륭한 삶이나 성공한 삶에 대한 기준이 명확해서 그 기준에 맞춰 성실하게 노력하는 것만으로도 위안을 얻을 수 있었다. 그러나 오늘날의 삶에는 그 어떠한 이정표도 주어져 있지 않기에 수많은 젊은이가 불확실한 삶과 불투명한 미래 앞에서 방황하고 있다. 힘겨워하는 젊은이들에게 기성세대는 어떤 이야기를 해 줄 수 있을까?

이와 거의 같은 상황이 1970년대 미국에서 벌어졌다. 어디를 향해 가는지 알 수 없는 세상의 흐름에 몸을 내맡긴 채 두려움에 떠는 당시 젊은이들에게 그들이 어디를 향해 가는지 그리고 왜 이러한 변화가 생겼는지 설명하려던 이가 바로 앨빈 토플러이다. 토플러는 인류문명 전체를 거대한 흐름으로 여기고, 그 흐름이 바뀌는 순간들을 고찰한다. 말하자면 단절의 순간들과 그 계기들에 대해 연구하고 각각의 흐름의 특징을 파악함으로써 현재를 설명하고 미래를 예측하고자 했다. 오늘날 우리가 미래학이라고 부르는 이 학문분과는 미래를 예측하여 비생산적인 논쟁이나 쓸데없는 불안감을 떨쳐 버리도록 돕기 위한 연구였다.

그가 미래라고 불렀던 시기가 이미 과거가 되어 가는 지금, 토플러의 주장은 어떤 의미가 있을까? 이에 대한 답은 독자 각각의 몫이 될 것이다. 그럼에도 한 가지 분명한 것은 토플러가 조심스럽게 설명했던 '제3의 물결'이 여전히 진행 중이며 실제 우리 삶의 모습이 그의 설명과 크게 다르지 않다는 점이다. 그렇다면 우리가 찾아야 할 답은 그의 주장 속에 있는 것이 아니라 그의 주장을 바탕으로 이후 우리 문명의 모습을 예측하고 대비하는 데 있는 것이 아닐까? 토플러 주장의 가치 유무를 따지기에 앞서 그의 문제의식이나 방법론에 주목해야 하는 이유가 바로 여기에 있다. 그의 문제의식이 지금도 유효한 것이라면, 우리는 그로부터 미래를 바르게 예측하고 대비하는 방법을 배워야 한다. 그리하여 아직 도래하지 않은 삶에 효과적으로 대비함으로써 불필요한 두려움이나 소모적인 논쟁, 그리고 과도한 방황에서 벗어날 수 있을 것이다. 이 책은 바로 이러한 점을 드러내려는 의도에서 쓰였고, 독자들의 삶에 조금이나마 도움이 되기를 간절히 바라는 마음을 담고 있다.

| CONTENTS |

1장

앨빈 토플러는
왜 미래를 연구해야 했을까?

    산업혁명으로부터 200여 년이 지난 오늘날까지도 우리의 삶은 여전히 엄청난 변화를 겪고 있다. 제4차 산업혁명의 시작을 알리는 21세기에 이르면서 혼란의 양상은 더욱 복잡해졌고 인류는 새로운 변화에 어떻게 적응해야 할지 고민을 거듭하고 있다. 실제로 18세기 말부터 19세기 초반에 이르기까지의 산업혁명 초기단계에 공장에서 대량생산된 상품들에 놀라워하고 환호하던 인류는 오늘날 공장에서 만들어진 천편일률적인 제품들에 진저리를 치며 표준화된 일상의 모든 것으로부터 벗어나려 한다. 우리는 이용자가 자신이 선호하는 사용방법이나 기호에 맞춰 하드웨어나 소프트웨어를 설정하거나 기능을 변경하는 것으로 시작한 주문제작customize의 사례에서 이와 같은 변화를 체감할 수 있다. 이제 주문제작을 통해 기성복이나 기성화 대신 비싸지 않은 나만의 맞춤 양복과 수제화를, 자동차 판매점에서는 나의 필요에 맞추어 주문제작된 자동차를, 커피전문점에서는 표준화된 커피 대신 맞춤제작된 커피를 주문할 수 있다. 더불어 획기적으로 발전한 IT산업은 일상생활의 모든 것을 원격조종할 수 있는 현실을 만들어 나가고 있고, 점차 일반화되는 3D 프린터를 활용해 나만의 가구를 만들기도 한다. 더불어 이에 열광하는 우리들의 모습은 더 이상 낯설지 않게 되었다. 하지만 오늘을 살고 있는 우리에겐 이렇듯 당연한 일이 불과 30여 년 전에는 그저 놀랍기만 한, 공상과학소설에서나 나올 법한 것이었다.

그런데 지금으로부터 거의 40여 년 전인 1980년에 우리의 모습을 예측했던 이론가가 있었으니, 그가 바로 앨빈 토플러Alvin Toffler(1928-2016)이다. 토플러는 그의 저서 『제3의 물결The Third Wave』(1980)에서 인류의 문명을 과거, 현재, 미래로 나누어 고찰한다. 그는 인간의 문명을 세 가지 유형으로 설명했는데 이를 '물결wave'로 표현했다. 토플러는 이 세 가지 유형의 물결을 다음과 같이 특징짓는다. 첫 번째 물결은 신석기혁명, 또는 농업혁명이라 일컬어지기도 하는데, 원시적인 공동체의 형태로 유지되던 수렵·채집문명이 농경사회로 대체되는 혁명적 사회변화를 지칭한다. 두 번째 물결은 산업혁명이라 일컫기도 하는 산업사회로의 변화인데, 이 시기를 통해 인류문명은 농업 중심 또는 토지 중심의 사회로부터 대량생산, 대량소비로 규정되는 산업화사회로 진입하게 된다. 토플러는 이 시기에 대해 "제2의 물결 사회는 고도로 산업화되어 있으며 대량생산, 대량분배, 대량소비, 대량교육, 대량휴양, 대중문화와 대량살상무기들에 기반을 두고 있다. 이러한 것들은 표준화, 중앙화, 집중화 그리고 동기화를 통해 엮이게 되며 우리가 관료주의라 부르는 조직에 의해 운영된다"라고 설명한다.

세 번째 물결에 해당하는 '제3의 물결'은 후기 산업화사회, 바로 우리가 살고 있는 현재를 말한다. 이미 오래전에 세상은 '제2의 물결' 사회에서 '제3의 물결' 사회로의 변혁을 감지하기 시작했으며, '제3의 물결'은 흔히 정보화사회,

지식사회 등으로 표현된다. 토플러는 '제3의 물결'을 맞이한 사회가 탈대량화, 다양화, 지식기반생산과 변화의 가속을 겪을 것이라고 예측했다. 또한 그는 "변화는 탈선형화되어 있으며 거꾸로도, 앞으로도 그리고 옆으로도 발전이 가능하다"라고 말한다. 그런데 토플러는 왜 문명의 과거와 현재, 미래의 모습에 관심을 두게 되었을까?

이른바 '헬조선'이라 불리는 대한민국, 바로 지금 여기서 삶을 영위해야만 하는 우리는 늘 우리의 생활에 대해 수많은 고민을 할 수밖에 없다. 어린 시절부터 매일 과외와 학원에 시달리면서 12년 동안 초, 중, 고등학교에 다닌 후 어렵게 대학에 들어갔고, 대학 졸업 후 사회생활의 초입에서도 우리는 늘 좌절을 맛봐야만 했다. 이렇게 삶을 영위해 나가는 데 있어서의 좌절과 절망, 그리고 불투명한 미래에 대한 불안은 결혼과 출산이라는 현실적인 문제마저 회의의 대상으로 만들기에 이르렀다. '나만 힘든 걸까?' 또는 '내 삶은 왜 이 모양일까?'라는 고민이 우리의 일상을 맴돌았고, 날마다 '내 뜻대로 되는 게 하나도 없는데 내가 내 인생의 주인이 맞긴 한 걸까?'라는 질문과 자조 섞인 웃음이 우리의 곁을 떠나지 않는다. 이런 고민들이 쌓이게 되면 자연스럽게 '이 시대의 사람들만 힘들게 사는 걸까? 과거는 어땠을까?'라는 의문이 들게 된다. 이러한 고민과 의문 속에서 방황하는 대신 힘든 상황이 생긴 원인을 설명하고 대처방법을 찾아 사람들에게 삶을 지탱하는 동력과 어려움을 헤쳐 나갈 수 있는 지혜를 전하고자 노력했던 이가 바로 토플러이다.

사실 토플러가 미래에 대해 고민하고 '미래학'이라는 새로운 학문을 만들어 낸 후 미래학자로서 명성을 얻게 된 계기는 20세기 후반 미국의 시대적 상황과 그에 대한 고민 때문이라고 할 수 있다. 그가 청년기를 보내며 왕성하게 활동하던 1960-1970년대의 미국은 경제적으로나 사회적으로 매우 어려운 상황이었다. 이 시기의 경제적 어려움은 전세계적 인플레이션과 실업, 그리고 에너지 위기 등으로 인해 생긴 세계적인 경기침체를 예로 들 수 있다. 또한 경제적 어려움과 함께 사회적으로도 큰 혼란을 겪던 시기이기도 했다. 베트남 반전운동, 환각제 사용, 히피 문화, 학생운동 등으로 사회적인 혼란은 극에 달했다. 베트남 전쟁의 참상들이 알려지고 전쟁이 끝을 예견할 수 없을 만큼 장기화하자 미국 내에서 전쟁에 대한 반대 여론이 조성되기 시작했다. 여기에다 미군이 자행한 민간인 학살 등의 끔찍한 소식들이 전해지면서 반전운동과 그 일환으로 일어났던 사회운동들이 뉴스와 신문을 통해 전 세계로 퍼져 나갔다. 특히 프랑스의 68년 혁명과 미국의 케네디 대통령 암살 사건은 사람들에게 불안과 공포, 더 나아가 절망감을 안겨 주었고, 그 결과 지구의 종말을 예견하는 영화들(예를 들어 〈혹성탈출〉)이나 성경의 묵시록 이야기가 사람들의 관심을 끌기도 하였다. 특히 20세기가 얼마 남지 않았던 당시에는 마치 19세기 말의 세기말 사상처럼 모든 것이 아마겟돈Armageddon을 맞이하는 징후라 믿는 이들까지 생겨났다. 정도의 차이는 있겠지만 20세기 후반에도 많은 젊은이의 삶은 녹록한 것이 아니었으며, 이런 이유에서 그들이 마주한 삶에 대해 치열하게 고민하거나 절망하는 것이 당시로서는 매우 당연해 보였다.

이처럼 희망을 기대하기 힘들어 보였던 바로 그때, 토플러는 사람들에게 세상을 바라보는 새로운 시각에 관해 이야기하기 시작했다. 그는 "우리는 낡은 문명의 마지막 세대이자, 새로운 문명의 첫 세대입니다"라고 말했다. 이런 그의 주장은 인류가 멸망이 아니라 새로운 문명의 시기로 접어들고 있을 뿐이므로 단순한 두려움으로 방황해서는 안 된다는 것이었다. 토플러가 보기에 그 당시 사람들은 미래를 향한 지표를 상실한 채 방향감각을 잃고 혼돈에 빠져 방황하거나 심지어 파멸을 향해 간다고 생각하면서 어둠 속에서 괴로워하는 것만 같았다. 하지만 토플러는 괴로움의 원인을 다르게 진단했다. 이 세계가 실제로 멸망을 향해 나아가고 있기 때문이 아니라 그저 당시의 청년들이 낡은 문명의 마지막 세대인 동시에 새로운 문명의 첫 세대이기 때문에 혼란스러울 수밖에 없다는 것이다.

그렇다면 토플러는 어떻게 해서 이러한 견해를 갖게 된 것일까? 이에 대답하기 위해서는 우선 두 가지를 고려해야만 한다. 첫째, 미래를 예측하기 위해 토플러가 몰두했던 작업이 어떤 것이었는지 살펴보아야 할 것이다. 다음으로는 토플러라는 인물이 어떤 성향을 지녔기에 미래를 조망하고 설명하는 일에 매진하게 되었는지 알아봐야 한다. 이

책에서는 편의상 두 번째 질문에 대한 답부터 해명해 보고자 하는데, 우선 당시 사람들에게 세상을 보는 참신하고 새로운 시각을 주고자 노력했던 토플러가 어떤 사람인지를 살펴볼 것이다.

토플러는 1928년 10월 3일 미국 뉴욕에서 태어났다. 그는 뉴욕에서 초, 중, 고등학교를 다녔고 대학도 뉴욕대학교를 졸업했다. 당시 뉴욕의 젊은 지식인이라면 누구나 그러했듯이 공산주의에 심취했던 청년 토플러는 공장노동자로 생활하면서 자본주의사회의 기본적인 분위기와 구조에 대해 비판적으로 고찰했다. 사실 1940년대는 전 세계적으로 좌익 경향의 지식인들이 자본주의사회 비판에 힘을 쏟던 시기이다. 이렇듯 자본주의가 절정에 달했던 20세기 초중반에 이르러 이 이데올로기의 문제점들이 표면에 극명하게 드러나게 되었지만, 실제로 자본주의를 비판하는 기류는 19세기 초반의 마르크스주의를 비롯하여 19세기 중반부터 개진된 '미적 모더니티aesthetic modernity' 개념을 중심으로 하는 예술가들의 작업을 통해 나타나기 시작했다고 보는 것이 일반적이다.

잘 알려진 것처럼 마르크스주의는 마르크스가 엥겔스와 함께 만들어 낸 사상과 이론체계이다. 마르크스는 마르크스주의를 통해 자본주의를 분석하고 비판했는데, 그는 자신의 연구를 통해 노동자계급을 억압하는 자본주의가 필연적으로 멸망하고, 계급 없는 사회인 공산주의가 도래할 것임을 입증하고자 했다. 그러나 실제로 공산화가 일어난 곳은 농업 중심의 국가, 즉 성숙한 자본주의와는 거리가 먼 국가들이었다.

마르크스의 예견과 달리 프롤레타리아 혁명이라는 문제에 봉착하지 않았던 성숙한 자본주의 국가들은 제1차 세계대전이라는 위기국면에서 국가독점자본주의라는 새로운 독점자본주의 형태로 전환되었다. 말하자면 국가독점자본주의는 독점자본이 제1차 세계대전이라는 위기에 대응하기 위해 국가권력과 결탁하여 국가권력을 강화하고 눈에 띄는 여러 문제점을 완화함으로써 자본주의체제를 보강할 목적으로 채택한 경제체제이다. 이 경제체제는 1929년에 찾아온 세계경제 대공황 이후로 지배적인 위치에 놓이게 되었는데, 제2차 세계대전을 거치면서 국가별로 특정한 목적에 따라 알맞은 형태로 구체화하였다. 그러나 마르크스주의의 시각에서 보자면 국가독점자본주의는 여전히 노동자계급에 대한 착취를 용이하게 하는 수단일 뿐이었다. 독점자본과 국가권력이 결탁한 이 체제에서 국가권력은 독점자본의 이해 대표자로서 기능하게 될 뿐이며, 결국 노동자계급에 대한 착취와 수탈은 제도적으로 보장되는 단계를 거치게 된다는 것이다.

한편 자본주의 그 자체보다는 자본주의를 이끄는 부르주아들의 위선적 행태나 천박한 예술적 취향 등을 문제 삼았던 예술가들은 부르주아의 가치관이나 위선을 고발하고 비판하기 위해 고안된 '미적 모더니티' 개념을 중심으로 활동했다. 19세기 중반 유럽의 대도시를 중심으로 시작된 예술가들의 반反부르주아 예술활동은 20세기의 뉴욕에서 《파르티잔 리뷰Partisan Review》라는 잡지를 중심으로 활발히 전개되었다. 《파르티잔 리뷰》는 20세기 초반 뉴욕에서 진보적 경향의 지식인들이 중심이 되었던 문화·예술 논의의 장이었다. 20세기 미술이론과 미술비평에서 가장 유명한 인물 가운데 한 사람인 클레멘트 그린버그Clement Greenberg의 초기

주요 논문들이 모두 이 잡지에 기고되었다는 점 또한 당시 《파르티잔 리뷰》가 뉴욕의 문화·예술계에서 가졌던 위상을 잘 보여 준다. 그런데 사실 이 잡지에 논문을 기고하던 많은 지식인이 소위 좌파로 분류되던 공산주의 지지자들이었다. 그러나 그들의 입장은 '행동하는 지식인'의 표상이자 영구적인 프롤레타리아 혁명을 주장하는 트로츠키의 예술론을 지지하는 반면 자국 중심적이고 전체주의적인 스탈린식 공산주의에는 반대한다는 특징을 보인다. 《파르티잔 리뷰》는 20세기 초반의 우리 문단에도 적지 않은 영향을 미쳤다. 이는 이 잡지가 김유정, 김수영과 같은 한국 현대 작가들의 필독서이기도 했다는 점에서 쉽게 유추할 수 있다. 이상에서 살펴본 바에 따르면 20세기 초반, 적어도 뉴욕에서는 사회에 대한 비판적 입장이 사회·경제·문화·예술을 망라하는 전방위에서 마르크스주의를 중심으로 논의되었다고 할 수 있다. 그리고 이러한 지적 분위기는 당시 사회를 비판적으로 관찰하고 분석하기를 바랐던 토플러에게도 그대로 전해졌다고 할 수 있다.

　공장노동자로 일하면서 사회에 대한 비판적 시각을 견지

하게 된 토플러는 이후 신문사에서 기자로 일하게 된다. 언론사에 발을 들이게 된 그는 1959년에 정식 기자가 되었고, 1959-1961년에 《포천Fortune》지의 부편집장을 지내는 등 여러 각도에서 사회를 관찰하고 갖가지 사회현상들을 논리적으로 이해하려고 하였다. 이후 토플러는 기자로 재직하는 동안 얻게 된 다양한 경험과 지식을 바탕으로 우리의 산업문명을 포함한 사회 전반을 여러 시각에서 분석하기에 이르렀다. 말하자면 그의 분석은 과학기술영역뿐 아니라 사회영역과 정보영역에서도 이루어졌고, 이후 그는 이러한 영역들과 밀접한 관계를 맺고 있는 권력에 관해서도 많은 연구를 하게 되었다. 이처럼 사회에서 현실적으로 일어나고 있는 일들을 면밀히 관찰하고 분석하는 한편, 현상에 대한 자신의 분석을 논리적으로 설명하기 위해 과거의 삶을 이해하고 현재의 현상과 비교함으로써 얻은 결과물이 바로 『제3의 물결』이라는 책이다.

사실 미래학이라는 새로운 연구분야는 그의 힘만으로 완성된 것이 아니다. 그가 그의 저서 곳곳에서 언급하고 있는 것처럼 그의 아이디어가 사회현상과 접점을 찾고 실제적인 분석으로 구현될 수 있었던 데에는 그의 아내인 하이디 토플러의 역할이 결정적이었다. 아내가 요리하는 데 시간을 뺏기지 않도록 식당에서 식사하며 오히려 그 시간 동안 아내와 대화를 나누길 원할 만큼 토플러에게 하이디는 소중한 아내이자 동료였다. 토플러 부부는 하이디가 대학 시절 언어학을 전공하는 학생일 때 처음 만났다고 알려져 있다. 이후 미국의 중서부지방에서 토플러가 노동자로 일하는 동안 하이디는 알루미늄 공장에서 일하면서 노동조합의 간사로 활동하였는데, 바로 이때 토플러는 노조의 지원을 받는 신문에서 일할 기회를 얻었다고 한다. 기자로서의 삶은 이후 그가 본격적으로 사회를 분석하고 조망하기 위한 토대가 된다. 이후 펜실베이니아 《데일리daily》지의 워싱턴 지국에서 일하게 된 토플러는 3년 동안 미국 의회와 백악관 출입기자를 거쳐 뉴욕에서 《포천》지의 노동관계 칼럼니스트로 일하게 되었다. 이러한 과정을 거치면서 토플러는 경제, 경영, 기술 등 산업사회를 떠받치고 있는 중심 기둥들에 관한 관심과 이해의 폭을 넓히게 되었고, 이를 바탕으로 토플러 부부는 저술을 시작하기에 이른다.

토플러의 최초의 저서는 1960년대에 집필되어 사회 전반에 작지 않은 충격을 안겨 주었던 『미래의 충격Future Shock』 (1970)이다. 이후 토플러의 관심은 우리 삶의 전반에 걸친 변화와 그 변화가 우리의 삶에 직접적으로 미치는 영향을 살펴보는 방향으로 나아갔다. 이러한 관심은 점차 21세기 군사무기와 기술이 발달함에 따라 전쟁의 양상이 어떻게 변화하는지의 문제와 후기 산업사회에서 부의 내용이 무엇이고 또 그것이 어떻게 변화하는지에 대한 관심으로 이어지게 된다.

토플러는 그의 관심을 바탕으로 미래학이라고 하는 새로운 학문영역을 일구어 낸 덕분에 이후 뉴욕대학교를 비롯한 5개의 대학교에서 명예박사 학위를 받게 되었다. 그뿐 아니라 미래를 가늠하려고 하는 그의 연구 성과들은 이후 대한민국, 멕시코, 싱가포르, 오스트레일리아, 미국뿐 아니라 비정부 민간단체, 일반기업들과 컨설팅 프로젝트를 수행하는 것으로 이어졌다. 특히 한국에서는 고故 김대중 전 대통령이 국정자문을 부탁했을 만큼 토플러의 미래학자로서의 위상은 대단한 것이었다. 사실 많은 사람이 미래에 대해 의견을 제시해 왔지만 대부분 설부른 예측에 불과한 것이었다. 토플러의 경우, 과거와 현재를 면밀히 살펴보고 그 분석을 바탕으로 미래에 대한 비전을 제시했다는 점에서 그에 대한 평가는 다른 사람과 큰 차이를 보였다. 그런 이유로 다독多讀과 식견識見에 있어 그 깊이와 넓이를 가늠하기 어렵다는 고 김대중 전 대통령이 토플러에게 국정자문을 부탁했던 것이 아닐까? 그리고 바로 이러한 이유로 그는 생전에 이미 세계에서 가장 유명한 미래학자로 불렸다. 이렇게 여러 분야에서 활동하며 연구와 강연으로 바쁜 나날을 보내던 토플러는 2016년 6월 27일 사망하였다.

이제 우리는 토플러를 전 세계적으로 명망 있는 미래학자의 반열에 올려놓았던 문제작 『제3의 물결』에 대해 자세히 알아볼 것이다. 『제3의 물결』은 도대체 어떻게 그리 엄청난 반향을 불러일으킬 수 있었던 것일까?

2장

세 가지 물결과 '제1의 물결'

2016년 3월, 인간과 인공지능 사이의 바둑대결이라는 세기적 이벤트가 전 세계인의 이목을 집중시켰다. 바로 한국의 바둑기사 이세돌 9단과 인공지능 알파고AlphaGo 사이의 대국이었다. 경기 전에는 이세돌 9단이 우세할 것이라는 의견이 지배적이었지만 실제로는 알파고가 4대 1의 대승을 거두면서 전 지구인에게 엄청난 충격을 주었다. 알파고의 승리는 〈터미네이터The Terminator〉 시리즈에서처럼 인간에게 인류의 종말에 관한 영화의 한 장면을 떠올리게 했고, 인공지능이 인간을 지배하는 세상이 오는 것은 아닐까 하는 두려움마저 갖게 했다.

우리에게 놀라움의 대상인 동시에 두려움의 대상이 되었던 인공지능 알파고는 구글의 인공지능개발 자회사인 구글 딥마인드Google DeepMind가 개발한 인공지능 프로그램이다. 알파고는 정책망과 가치망이라는 두 가지 신경망을 통해 결정을 내리며 기계학습을 통해 스스로 학습하는 기능을 가지고 있다. 이세돌에게 1패를 당한 것을 마지막으로 알파고는 세계 최정상의 기사들을 상대로 승리를 거듭하고 있다. 특히 2017년 5월 세계 바둑 순위 1위 커제 9단을 상대로 289수 만에 백 1집 반 승을 거둠으로써 이제 현실에서 인공지능이 인간을 넘어서는 것이 아닌가 하는 공포를 안겨 주기도 했다. 그래서일까? 다가오는 4차 산업혁명에 대해 희망에 부풀어 있는 사회 전반의 분위기와는 달리, 우리의 마음 한편에는 인공지능 AI가 인류에게 축복이 될지 혹은 재앙이 될지에 대한 고민이 자리하고 있다. 이러한 불안 때문에 연구자들은 AI가 적어도 재앙이 되지 않도록 하는 방안을 마련하고자 했고 지금까지도 이러한 문제를 해결하기 위해 고심하고 있다.

이러한 문제에 대해 세계적 베스트셀러『사피엔스Sapiens』

의 저자인 유발 하라리Yuval Noah Harari는 인간이 어떤 의지를 갖고 인공지능을 통제할 것인지에 따라 그 향방이 결정될 것이라고 주장한 바 있다. 그리고 이와 비슷한 입장을 가진 세계 각국의 연구자들은 인류의 삶에 기여하는 '착한 인공지능'을 만들기 위해 노력을 아끼지 않고 있다. 그 결과 만들어진 것이 이른바 '아실로마 AI 원칙Asilomar AI Principles'이다. 이것은 2017년 1월 초 AI 연구를 지원하는 비영리단체인 퓨처오브라이프(https://futureoflife.org/)가 미국 캘리포니아주 아실로마에서 개최한 콘퍼런스에서 채택한 AI 연구에서의 윤리준칙이다. '착한 인공지능'을 지향하는 '아실로마 AI 원칙'의 연구목표는 인류에게 유용하고 이로운 혜택을 주는 인공지능의 개발에 있다. 더 구체적으로 이 원칙은 인공지능이 불러올 위험에 대비하고, 치명적인 인공지능 무기 확보를 위한 군비경쟁을 피해야 한다는 윤리적 규정도 담고 있다. 말하자면 이 원칙은 인간과 로봇의 공존을 위한 고민의 첫 결과물인 것이다.

 AI와 사물 인터넷의 등장이 아직 완전히 상용화되지 않아 거리감이 느껴진다거나 자신과는 상관없다고 느끼는 사람들도 있을 것이다. 하지만 제조업이 중심을 이루던 이전의 산업사회와 비교해 볼 때 우리 사회의 급속한 변화양상은 일상에서도 쉽게 살펴볼 수 있다. 천편일률적인 완성품을 구매하는 대신 직접 조립하는 DIYdo-it-yourself 제품이나 생산단계에서 이미 주문자의 의견을 적극적으로 개진하고 반영하는 커스터마이징 서비스customizing service(일종의 맞춤 제작 서비스)를 선호하는 소비자의 등장은 이전의 산업사회에서는 생각하기 힘든 일이었다. 그러나 오늘날 우리 사회에서 생산업체나 수공업자들이 고객의 요구에 따라 제품을 만들어 주는 맞춤제작 서비스는 낯설지 않다. 특히 최근에는 IT산업의 발전으로 개발된 솔루션이나 기타 서비스를 소비자의 요구에 따라 원하는 형태로 재구성·재설계하여 판매하거나 타사의 솔루션을 가져와 자사의 제품과 결합하여 서비스하는 등 커스터마이징 서비스의 폭이 점점 넓어지고 있다. 그런데 점차 일반화하는 커스터마이징 서비스는 토플러가 후기 산업사회의 독특한 지점으로 꼽은 '프로슈머Prosumer(생산소비자)'라는 개념을 떠올리게 한다.

토플러는 후기 산업사회의 가장 큰 특징으로 정보와 지

식을 꼽는다. 후기 산업사회에서는 정보와 지식을 가진 소비자가 직접 생산에 관여하는데, 이때 생산에 적극적으로 참여하기 위해서는 소비자의 지식과 정보가 필수적이다. 우리가 프로슈머로 살아가기 위해서는 적어도 지식과 정보가 필수적이라는 뜻이다. 실제로 커피에 대한 지식이나 정보가 전혀 없는 누군가가 커피전문점에서 커피를 주문해야 할 때, 바로 그 누군가가 겪을 당황스러움을 상상해 보자. 이러한 상황은 타임슬립 드라마에서나 볼 법한 이야기에 불과한 것이 아니다. 이처럼 이미 우리가 살아가는 사회는 곳곳에서 지식과 정보를 요구하는, 적극적으로 생산에 참여하기를 요구하는 소비생활이 일상이 된 지 오래다. 그렇다면, 우리가 살아가는 후기 산업사회의 특징인 정보와 지식은 과거에는 어떻게 다루어졌을까? 정보와 지식은 정말 후기 산업사회를 특징짓는 요건일까? 이에 답하기 위해 토플러의 설명을 조금 더 자세히 살펴보자.

1. 세 가지 물결

앞서 간단히 설명했듯이 토플러는 인간문명의 발전단계를 크게 세 단계로 나누었다. 그리고 그것을 '제1의 물결', '제2의 물결', '제3의 물결'이라 명명했다. 마르크스가 물질적인 경제체제를 바탕으로 분류했던 바에 따르면, 농업혁명 이후에 전개된 농경 중심의 문명을 일컫는 '제1의 물결'은 원시공산제 이후의 시기인 고대 노예제와 봉건영주제의 시기를 합쳐 놓은 것처럼 보인다. 토플러의 설명을 따르면, 농업혁명이 일어나기 전에 우리 선조들은 먹을 것을 얻기 위해 사냥을 하거나 열매를 채집해야 했고, 사냥의 대상이나 먹을 수 있는 열매를 찾아 이곳저곳을 헤매는 떠돌이 생활을 해야만 했다. 그러나 신석기혁명이라 불리는 농업혁명이 일어난 후, 선조들은 농사를 지을 수 있는 비옥한 땅에 거처를 마련해 농사를 지으면서 그에 관한 지식을 쌓아 갔고, 결국 한곳에 머물면서 안정적인 생활을 영위하기 시작했다. 그리고 정착생활을 하면서 신체적·정신적 여유를 갖게 된 선조들은 생활에 도움이 되는 여러 가지 것들을 제작하게 되었고, 드디어 오늘날 우리가 문명이라 부르게 될 것들을 이루기 시작했다. 그들은 자신들이 만들어낸 문명의 혜택을 조금씩 누리게 되면서 더 풍요롭고 윤택한 삶을 위해 인간의 정신능력, 그중에서도 이성을 잘 활용하는 데 많은 노력을 기울였다. 그 결과, 수학과 과학이 발달하였고, 곧이어 산업혁명이 일어나게 되었다. 이를 가리켜 토플러는 '제2의 물결'이라 부르는데, 더 정확히 설명하자면 '제2의 물결'은 산업혁명으로 생긴 문명을 의미한다.

잘 알려진 바와 같이 산업혁명의 성공은 우리의 삶을 완전히 바꿔 놓았다. 과학기술의 혁신은 공업의 발달로 이어졌고, 이는 곧 공장에서 대량생산을 가능하게 했다. 넘쳐나는 소비재가 시장을 통해 거래되면서 우리의 삶은 물질적으로 풍요로워졌으며, 수학과 과학의 발전은 건축과 교통영역에서도 엄청난 변화를 불러일으켰다. 대도시에 들어선 대형 건물들은 도시의 이미지를 바꿔 놓았고, 증기기관의 발명으로 등장한 기차는 인간을 단시간에 먼 곳까지 이동시켜 주었다. 당시의 시각으로는 우리의 삶이 풍요로워졌을 뿐 아니라 매우 편리해졌다고 생각할 수밖에 없었을 것이다. 그러나 산업사회가 200여 년 가까이 지속하면서 가속화된 산업화가 낳은 여러 가지 문제들 때문에 곳곳에서 산업화에 대한 비판적인 주장이 제기되었지만, 현실은 이러한 비판들을 수용하지 않았다. 따라서 여전히 개선되지 않는 산업사회를 보며 많은 젊은이들이 절망하기에 이르렀다. 바로 이 시기에 토플러는 '제3의 물결'이라는 획기적인 시각을 제시하게 된다.

사실 토플러가 『제3의 물결』이라는 책을 집필할 무렵만 해도 '제3의 물결'에 해당하게 될 현상은 미국에서조차 아직 확실한 형태로 나타나지 않았다. 그러나 이미 변화의 조짐을 간파했던 토플러가 보기에 '제3의 물결'의 가장 큰 특징으로 꼽을 수 있는 것은 고도로 발달한 과학과 기술이 가져온 정보산업의 혁명이었다. 실제로 오늘날 우리는 이른바 정보의 홍수 속에서 살고 있다. 밤새 새로운 사건사고들에 대한 기사가 쏟아져 나오고, 새로 출간된 책이나 새로 개봉되는 영화에 관한 정보들, 각종 전시와 공연 소식들 등을 쉽고 빠르게 접할 수 있다. 그렇다고 이러한 현상이 모든 이에게 즐거운 것만은 아니다. 예를 들어 새로운 자료는 학문을 직업으로 삼는 연구자들의 연구에 도움이 될 것으로 예상되었다. 하지만 그 자료들을 검토하는 데에만 엄청난 시간을 쏟아부어야 하는 연구자들에게 매일매일 쏟아져 나오는 새로운 자료들이란 사실 애증의 대상이다. 토플러는 이러한 정보의 홍수를 불러온 것이 바로 컴퓨터로 대표되는 전자산업의 혁명이라고 지적한다. 바로 이 정보산업의 혁명이 토플러가 주장하는 '제3의 물결'의 첫 번째 특징이 된다.

'제3의 물결'의 또 다른 특징은 엄청나게 빠른 변화속도라 할 수 있다. 토플러는 인류가 맞이한 최초의 변화인 '제1의 물결'은 농업혁명과 함께 시작되어 거의 1만여 년(기원전 8000~기원후 1750년경)에 걸쳐 아주 천천히 진행되었다고 한다. 그 변화가 너무 느리게 일어났기 때문에 '제1의 물결' 시기의 사람들은 그것이 변화인지 알아챌 수조차 없었을 것이라고 설명한다. 그 시기에 실제로 변화가 있었다는 사실은 한참 후에 역사학자들의 연구로 알려졌을 뿐, 그 당시를 살았던 일반인들 대부분은 눈치조차 채지 못했다는 것이다. 그런데 산업혁명과 함께 시작된 '제2의 물결' 시기의 변화속도는 '제1의 물결' 시기와 비교하면 급속히 빨라졌다. '제1의 물결' 시기와 '제2의 물결'이 진행되었던 기간을 비교해 보면 분명히 알 수 있는데, 역사자료를 통해 우리는 '제1의 물결' 시기에 비해 '제2의 물결' 시기가 무척 짧아졌고 변화의 속도가 눈에 띄게 빨라졌다는 점을 확인할 수 있다. '제1의 물결'이 진행되었던 시기가 거의 1만 년에 달했던 데 반해, '제2의 물결'이 막강한 영향력을 행사했던 시기는 불과 300년 정도밖에 되지 않았다. 300여 년에 걸쳐 눈부신 발전을 일구어 낸 '제2의 물결' 시기의 산업화는 그야말로 급속히 진행되어서 대도시의 모든 시민이 온몸으로 그 변화를 감지할 수 있었다. 혹시 상상이 잘 안 되는 이들은 '제2의 물결'이 자리를 잡아 갈 무렵에 대한 기록들 가운데 하나를 살펴보면 더 잘 이해할 수 있을 것이다.

산업화의 축복으로 태어난 자동차는 당시 엄청나게 비싼 가격 때문에 상류층의 전유물로 여겨졌다. 마차보다 흔들림과 냄새가 훨씬 덜할 뿐 아니라 무엇보다도 새로운 기술력의 상징으로 여겨지던 자동차는 그 당시 사람들에게 부러움의 대상이었다. 그러나 상류층 인사들이 옷에 땀과 냄

새가 배는 운전이라는 노동을 직접 하는 것을 꺼렸기 때문에 운전사라는 새로운 직업이 사회에 등장하였다. 운전사에 대한 수요가 늘어나자 프랑스 파리에서는 19세기 말에 운전사 양성학교가 설립되었다. 이곳에서는 운전 및 자동차 수리, 전기공학과 물리학 등을 가르쳤고 12주 과정의 수업을 다 이수했을 때 비로소 자격증을 발급받을 수 있었다.

그러나 운전사에게 자동차에 대한 별다른 주의사항을 교육하지 않았던 당시에는 자동차와 보행자 사이나 자동차와 마차 사이의 사고가 끊이지 않았고, 이로 인한 사망자 수는 늘어만 갔다. 이러한 상황에 직면하여 20세기 초 독일에서는 운전능력을 인정하는 면허증 발급과 자동차 등록제 및 번호판 발급과 같은 행정적인 규제가 이루어지기 시작했다. 독일의 경우 자동차 번호판은 1909년에, 운전면허 발급을 위한 표준화된 시험은 1910년에 처음으로 시행되었다. 당시의 운전면허시험은 필기시험 없이 제동, 추월, 선회 등의 간단한 주행시험만으로 이루어졌으며, 18세 이상의 성인에게 면허증을 발급했다. 이처럼 불과 몇십 년 만에 새로운 이동수단이 생기고 그로 인한 사고가 발생하였으며, 그것을 방지하기 위한 제도 및 기관이 생겨났다는 사실을 잘 생각해 본다면, 당시 사람들에게도 변화의 속도가 상당히 빠르게 느껴졌을 것이라는 점을 알 수 있다.

그렇다면 우리가 처해 있는 현 상황, 즉 '제3의 물결' 시기의 변화속도는 어떨까? 아마 누구나 '제1의 물결'이나 '제2의 물결' 시기보다 '제3의 물결' 시기가 지속하는 기간이 더욱 짧아지리라는 예상을 할 수 있을 것이다. 우리가 어제와 오늘 사이의 변화를 피부로 실감하듯이, 오늘날 역사의 진행 속도는 과거의 어느 때보다도 가속화된 것 같다. 토플러가 삶에 대해 진지하게 고민했던 1980년대의 문명의 변화속도 또한 그에게는 가히 폭발적인 수준으로 빨랐을 것이다. 그리고 그는 자신의 생애 중에 '제3의 물결'이라는 충격을 경험하게 될 것이라 예견했다.

1980년대 당시 토플러가 예로 들었던 대표적인 변화를 살펴보자면 가족관계의 파괴, 경제적인 대혼란, 정치체제의 마비 등이 있다. 이러한 변화는 기존 가치체계의 붕괴를 초래했는데, 토플러가 설명한 바에 따르면 '제3의 물결'은 '제2의 물결'이 만들어 낸 낡은 권력관계와 그 관계가 만들어 낸 사회구조, 그리고 나태해진 엘리트들의 특권에 강력하게 도전했다. 그러나 '제2의 물결' 또한 이러한 도전에 직면해 쉽게 밀려나려 하지 않았다. 사실 '제1의 물결'은 별다른 변화의 도전 없이 수천 년을 지내다가 산업혁명을 계기로 나타난 '제2의 물결'에 쉽게 역사의 주인 자리를 내주었다. 하지만 이와 달리 '제2의 물결'은 '제3의 물결'의 도전에 쉽사리 굴복하려 하지 않았다. 그 결과 상당한 기간의 힘겨루기가 있었는데, 이에 대한 토플러의 설명을 들어보기로 하자.

토플러가 보기에 1950년대 중반에서 1960년대 중반에 이르는 기간 동안 미국은 '제2의 물결'의 전성기를 보냈다. 하지만 바로 이 기간에 '제3의 물결'도 조용히 그 모습을 드러내기 시작했다. 토플러는 이 시기에 나타난 '제3의 물결'의 특징으로 컴퓨터의 개발, 민간 제트 여객기의 취항, 그리고 피임약의 보급을 언급한다. 컴퓨터의 개발은 정보산업의 혁명을 가져왔고, 민간 제트 여객기의 취항은 비행기를 전투를 위한 것이 아닌 지상이나 해상의 교통기관처럼 대중적인 것으로 만들어 관광여행 붐을 일으키는 데 공헌하였다. 그뿐 아니라 피임약의 보급은 여성의 성적 자기결정권에 관한 주장과 경제활동 참여에 대한 요구를 더 활발하게 만들었다. 이처럼 사회 전반에 걸쳐 행해진 혁신적인 변화로서의 '제3의 물결'은 미국을 넘어 영국과 프랑스, 그리고 독일과 러시아 등과 같은 유럽의 강대국들로 퍼져 나갔고, 아시아에서는 일본에 커다란 영향을 주게 되었다. 정확히 말하자면 '제3의 물결'이 유럽과 아시아의 대표적인 고도기술 국가high-technology nation로 세력을 넓혀 가게 된 것이다.

우리는 지금까지 인류문명의 역사를 크게 세 개의 물결로 나누어 설명하는 토플러의 입장을 개괄적으로 살펴보았다. 그러면 이제부터는 이 세 개의 물결에 대해 더욱 구체적으로 살펴보자.

2. '제1의 물결'

토플러는 1980년대 당시의 사람들이 직면했던 변화가 매우 혁명적이라는 사실을 직시하고 그 변화의 방향과 내용을 정확히 예견할 수 있기를 바랐다. 변화의 방향을 정확히 읽어 내기 위해 토플러가 제시한 방법은 역사의 흐름을 확인하고 그것을 분석하는 것이다. 우리가 역사의 흐름을 제대로 읽어 낼 수 있게 될 때 비로소 변화의 물결이 어느 방향으로 향하는지 가늠할 수 있기 때문이다. 그런데 토플러가 주목하는 부분은 역사의 연속성보다는 역사의 불연속성, 즉 전환이나 혁신의 부분들이다. 전환이나 혁신의 부분들에 주목하면 변화의 열쇠가 되는 특정한 패턴들을 찾아내게 될 것이고, 이에 대한 분석을 통해 특정한 패턴들을 이해하고 대비할 수 있게 될 것이라는 주장이다.

역사의 불연속성에 주목하는 토플러는 인류의 역사를 크게 두 부분으로 나누어 설명한다. 그는 농업의 출현을 인간 사회발전의 첫 전환점으로, 산업혁명을 문명의 커다란 전진을 가져온 두 번째의 전환점으로 삼는다. 하지만 토플러는 농업의 출현과 산업혁명이 각기 다른 별개의 사건이라기보다는 각각의 전환점이 일정한 속도로 움직이는 변화의 물결이라고 생각한다. 사실 농업혁명 이전에도 인류는 생존해 왔다. 이 시기의 인류는 작은 집단을 이루어 채집이나 수렵, 어업 또는 목축에 의존하여 떠돌이 생활을 했다. 그러던 중 신석기혁명이라 불리는 농업혁명이 시작된 1만여 년 전부터 지구상에는 촌락과 경작지가 생겨나고 완전히 새로운 생활방식이 자리 잡게 되었다. 농업을 중심으로 하는 토지 중심의 문명은 산업혁명이 일어나기 전까지 지속하였다.

그렇지만 산업혁명 이후 세계인의 삶은 적어도 두 가지의 완전히 다른 모습으로 전개된다. 산업혁명의 결과로 나타난 산업화의 물결은 '제1의 물결'인 농업화의 물결과 비교하면 급속히 빠른 속도로 나라에서 나라로, 대륙에서 대륙으로 퍼져 나갔다. 그 과정에서 산업화에 빠르게 적응한 나라들과 산업화의 영향을 받지 않은 나라들은 서로 다른 삶의 모습을 갖게 되었다. 물론 오늘날에는 지구상의 대부분 지역에서 '제1의 물결'과 '제2의 물결'이 혼재된 삶의 모습을 쉽게 볼 수 있다. 하지만 여전히 농업화의 영향에서 크게 벗어나지 못한 채 산업화한 모습을 전혀 발견할 수 없는 지역 또한 존재한다. 가령 남아메리카의 일부 지역이나 파푸아 뉴기니의 소수 부족이 이에 해당하는데, 이 지역 주민의 삶은 그것이 갖는 특수성으로 인해 TV 프로그램에서 다루어지거나 인류학의 연구대상이 되었다. 이처럼 오늘날 일반적으로 우리 삶은 기본적으로는 '제1의 물결'과 '제2의 물결'이 마구 뒤얽혀 있는 것 같은 형태로 이루어져 있다. '제3의 물결'을 살펴보기에 앞서 '제1의 물결'과 '제2의 물결'을 비교하여 '제1의 물결'에 대한 더 정확한 설명을 구해 보기로 하자.

'제1의 물결'과 '제2의 물결'이 오늘날 우리의 삶에 미치는 영향에 대해 생각해 보자면, 거의 1만여 년간 강력한 영향력을 행사했던 '제1의 물결'의 위세는 거의 사라져 버린 듯하다. '제1의 물결'의 자리를 대신해 18-20세기 내내 유럽과 북아메리카를 필두로 세계 여러 지역에 거주하는 인류의 삶에 혁신적인 변화를 끌어냈던 '제2의 물결'은 지금도 여전히 '제1의 물결'에 머물러 있는 나라들에 그 영향력을 넓혀 가고 있다. 현재 산업화가 진행 중인 나라들에서는 여전히 제철·자동차·섬유·식품 가공 등을 위한 공장들이 건설되고 있다. 이러한 상황에 비추어 본다면, '제2의 물결'은 아직도 움직이고 있다고 볼 수 있다.

그렇다면 '제1의 물결'과 '제2의 물결'의 가장 큰 차이는 무엇일까? '제1의 물결' 시기의 문명권을 살펴보면 공통적인 특징을 찾아낼 수 있다. 첫째, 이 문명의 기반이 토지라는 점이다. 이 시기에는 가족의 구조, 경제, 생활, 문화 및 정치에 이르기까지 모든 것이 토지에 의해 결정되었다. 촌락을 중심으로 하는 생활은 이후 기본적인 분업의 형태를 거쳐 계급화되었다. 가령 육체노동에 종사하는 계급과 이들을 관리하는 계급, 그리고 신의 말씀을 전하는 일을 담당하는 계급이 보편적으로 구조화된 이 시기 문명의 모습이다. 더 구체적으로 계급을 열거하자면 농노農奴 또는 노예, 농민, 무사, 귀족, 승려로 나누어 볼 수 있다. 그러므로 이 시기 문명의 두 번째 특징은 계급화라 할 수 있을 것이다.

다음으로 세 번째 특징은 자급자족의 경제공동체이다. 이 시기의 문명은 대부분 촌락을 중심으로 하는 지방분권의 형태를 띠고 각각의 공동체는 생활필수품 대부분을 자급자족하고 있었다. 물론 토플러는 '제1의 물결' 시기가 거의 1만여 년에 달하는 만큼 예외도 있었다는 점을 인정하고 있다. 고대에 대양을 가로질러 활동했던 상업 문화권이나 거대한 관개시설을 중심으로 만들어진 고도로 중앙집권화된 왕국이 실제로 존재했다는 점을 부인할 수는 없다는 것이다. 그럼에도 이러한 예외들은 모두 공통적인 사회현상, 즉 '제1의 물결'에 의해 일반화된 농업문명의 특수한 경우로 보아도 무방하다는 것이 토플러의 입장이다.

그런데 '제2의 물결'은 '제1의 물결'이 만들어 낸 모든 제도와 가치관에 도전한다. 집단노동을 요구했던 토지 중심의 사회는 공장의 생산라인에 따라 완전히 분업화된 노동을 제공하는 새로운 인간형이 요구되는 산업사회로 바뀌었고, 농업 또한 기계화·분업화의 기치에 맞춰 산업화하였다. 가문을 중심으로 하던 계급사회는 자본을 중심으로 재편되었고, 자급자족의 경제는 매매와 교환을 중심으로 하는 시장경제체제로 전화되었다. '제1의 물결'과 '제2의 물결' 사이에 나타나는 이러한 차이 외에도 눈에 잘 띄지는 않지만 더욱 근본적인 차이가 있다. 그것은 바로 동력, 즉 에너지의 문제이다.

토플러는 새로운 문명이건 낡은 문명이건 간에 모든 문명의 전제조건은 에너지라고 주장한다. '제1의 물결' 사회에서 에너지원은 언제나 자연의 힘에서 비롯하였는데, 인

간이나 동물의 근력(생물에 의한 동력원)과 태양열, 풍력 등이
이에 해당한다. 취사나 난방에는 숲의 나무를 이용했고, 곡
식을 빻는 일은 물과 바람의 힘을 빌려 물레방아나 풍차가
담당했다. 밭을 갈기 위해 쟁기를 끄는 것은 언제나 가축이
었고, 농사를 담당하는 것은 언제나 인간이었다. 이러한 에
너지원은 재생할 수 있거나 대체 가능한 것이었는데, 잘려
나간 숲은 자연이 회복시켜 주었고, 물레방아를 돌리는 강
물의 흐름이나 풍차를 돌리는 바람 또한 자연의 힘으로 유
지되었다. 농사를 담당하는 에너지원으로 혹사당하던 인
간이나 가축도 다른 인간이나 가축으로 대체 가능했다.

　이에 반해 '제2의 물결'이 만들어 낸 사회는 모두 석탄,
가스, 석유 등의 화석원료를 에너지원으로 사용한다. 그런
데 '제2의 물결' 문명의 에너지원은 모두 한번 소비하면 재
생할 수 없다는 점에서 '제1의 물결' 시기와 커다란 차이를
보인다. 사실 이러한 에너지원의 변화는 1712년 영국의 기
술자 토머스 뉴커먼이 발명한 증기기관의 덕이고, 이후 증
기기관은 인간 삶의 모습을 근본적으로 바꿔 놓은 혁명적
인 변화의 시발점이라는 점에서 언제나 긍정적으로 평가

되어 왔다. 그러나 재생 불가능한 에너지원인 화석연료를 근간으로 하는 '제2의 물결' 문명은 그동안 자연이 축적해 둔 자본을 인간이 잠식해 간다는 점에서, 그리고 언젠가는 소진될 것이 자명하다는 점에서 매우 심각한 문제를 안고 있다. '제2의 물결'을 통해 어떻게 해서 기존의 문명과는 다른 성격을 갖는 문명이 나타나게 되었으며, '제2의 물결'이 갖는 고유한 특성은 과연 무엇인지에 대해 지금부터 자세히 살펴보기로 하자.

3장
'제2의 물결'

　우리는 앞에서 토플러의 설명을 바탕으로 세 가지 물결에 대한 대략의 설명과 '제1의 물결'에 대한 상세한 내용을 살펴보았다. 이제부터는 '제2의 물결'이라는 새로운 물결의 등장으로 생겨난 변화에 대해 알아보기로 하자. '제2의 물결'이 '제1의 물결'을 휩쓸고 지나갔을 때 과연 어떤 변화가 있었을까?

1. 가족제도의 변화

　첫째, 가족제도의 변화를 들 수 있을 것이다. 농업을 바탕으로 하는 문명사회인 '제1의 물결' 시기에는 대가족이 주된 가족 구성형태였다. '제1의 물결'에는 토지 경작에 필요한 노동력을 쉽게 제공하기 위해 마치 땅의 일부가 된 것처럼 대대손손 그 땅 위에 공동체를 이루고 사는 것이 아마도 매우 중요한 문제였을 것이다. 미루어 짐작건대 대가족제도 혹은 씨족공동체는 당시의 문명에서 매우 중요한 사회적 기반이었을 것이다. 농업이 노동집약적인 특징을 갖는 만큼, 땅을 갈고 파종을 한 후 잡초를 뽑고 거름을 주고 수확을 하는 농번기農繁期에는 공동체의 구성원 모두가 함께 노동에 임해야 했다. 반면 추수가 끝난 이후의 농한기農閑期에는 공동체 구성원 모두가 함께 여가를 즐기는 문화가 자리 잡기도 했다. 결국 '제1의 물결' 시기는 공동체가 함께 노동하고 함께 여가를 즐기는 문명이라 할 수 있다.

그런데 '제2의 물결'이 시작되고 산업화가 시작되면서 씨족공동체를 바탕으로 하는 대가족제도가 해체되었다. 문명의 구심점이 농업에서 산업으로 옮겨 가면서, 농업에 종사하던 가족 구성원 중 일부가 대도시 공장의 노동자가 되기 위해 고향을 떠났기 때문이다. 사실 공장은 그것을 소유하는 대자본가 계급Grande Bourgeoisie이 거주하는 대도시 주변에 생겨났고, 공장이 늘어나면 늘어날수록 노동자는 부족하게 되었다. 이에 따라 결국 고용주들은 공장노동자를 충원하기 위해 농촌으로 눈을 돌리게 되었고, 양질의 노동을 제공할 것으로 예상되는 젊은이들을 설득하여 대도시 인근으로 이주시켰다. 결국 젊은 노동자들의 대도시 이주는 대가족제도의 붕괴를 가져왔다. 그뿐 아니라 노동자들이 직장을 따라 쉽게 이동할 수 있도록 가족의 단위는 더욱 작아졌고, 고용주와 정부는 가장 작은 단위의 가족이 이상적인 가족의 모습인 것처럼 이미지를 만들어 내기 시작했다.

오늘날 표준적인 가족의 모델로 자리 잡은 핵가족nuclear family제도는 사실 '보편적·자연적·초시간적'인 것이 아니라 누군가의 이익을 위해 인위적으로 만들어진 다음 사회적으로 승인을 받게 된 것이다. 달리 말하면 전 세계의 모든 사람이 당연하고 자연스러운 것으로 여기는 핵가족 개념은 사실 산업사회에 알맞게 인공적으로 만들어진 가족 이미지, 즉 '산업사회의 표준적인 가족 모델'일 뿐이다.

2. 공교육의 등장

'제2의 물결'이 가져온 두 번째 변화는 공교육의 등장이다. 산업화를 위해 많은 성인 노동자가 필요했던 만큼 정부 또한 이들을 확보하기 위해 할 수 있는 일들을 하려고 했고, 그 노력의 결과물 중 하나가 바로 공교육을 위한 정책들이었다. 대가족이라는 공동체 속에서 구성원들끼리 서로 도우며 양육문제를 해결했던 '제1의 물결' 시기와는 달리, 단신으로 상경해 가정을 꾸리거나 젊은 부부들이 도시 노동자가 되기 위해 대도시로 이주한 '제2의 물결' 시기에는 자녀를 돌보는 일이 사회문제가 되기에 이르렀다. 어린 자녀들은 노동자들이 온전히 일에 집중하는 데 걸림돌이 될 뿐 아니라, 방치된 어린아이들이 도시의 거리에서 구걸하거나 성매매의 대상이 됨으로써 심각한 사회문제를 일으켰다. 이러한 현실에 직면하여 국가에서 일정한 나이가 된 어린 자녀들을 학교로 모아서 보육을 도맡아 줌으로써 노동자인 부모들의 큰 고민거리를 해결하고, 어린 자녀들이 일으키는 사회문제에 대한 해법을 찾으려 했다. 이와 더불어 정부는 아이들을 보육하는 동안 단순한 보육을 넘어서서 이 아이들을 사회에 필요한 노동자로 교육하는 방법을 고안해 내기 시작했다.

이후 각 가정은 자녀교육의 책임과 권한을 국가에 넘겨주게 되었고, 정부는 보육과 교육을 동시에 담당하는 방편으로 공교육제도를 마련했다. 공교육을 담당하는 학교는 아이들이 유용한 공장노동자로 성장하는 데 필요한 교육을 시작했다. 초기 산업사회에서는 성별 노동분업이라고 하는 제도가 막 자리를 잡기 시작했던 때이므로, 남자아이들은 기술과 공업을 배우고, 여자아이들은 가사에 도움이 되는 것들을 배우도록 하는 것이 중요한 지침이 되었다. 또한 사회를 이끌고 나갈 지도층으로 자라야 할 아이들은 대학을 가는 것이 필수적이었으므로, 이런 아이들은 열심히 영어와 수학 같은 도구과목을 배우는 것이 일반화되기 시작했다. 또한 이 시기에 자본가와 정부 관료들은 이미 사춘기를 넘긴 사람들을 유용한 공장노동자로 양성하는 일이 매우 어렵다는 것을 잘 알고 있었다. 그렇기 때문에 국가 차원에서 학교의 교육과정을 통해 청소년기 아이들에게 노동에 필요한 것들을 가르치기로 했다. 토플러는 이 교육과정을 '표면적 교과과정overt curriculum'과 '내면적 교과과정covert curriculum'의 두 층위로 나누어 설명하고 있다.

'표면적 교과과정'은 공장노동에서 필요한 기초적인 지식 즉 읽기, 쓰기, 산수 그리고 약간의 역사 등을 배우는 과정이다. 아이들이 이후 성인이 되어 제대로 된 노동자가 되기 위해서는 읽고 쓰고 계산하는 일과 기본적인 지식을 갖추는 것이 필수적이었다. 누군가가 일일이 말로 설명하는 대신 매뉴얼을 읽고 이해하여 작업에 임하거나, 결과보고서를 작성할 때 읽고 쓰는 능력이 필수 불가결한 것으로 여겨졌기 때문이다. 기본적인 산술능력 또한 직무를 제대로 수행하는 데 꼭 필요한 능력이라 생각되었다. 그리고 동료들과 대화하거나 동질성을 갖기 위해서도 기본적인 역사와 상식은 노동자들이 갖추어야만 하는 일종의 능력으로 받아들여졌다. 그러나 이 모든 것은 사실 표면적인 것에 불과하다. 아이들을 노동자로 키우는 데 더욱 중요한 것은 '내면적 교과과정'이다. 이 과정이 인간의 삶에 훨씬 근본적으로 작용하기 때문이다.

토플러는 '내면적 교과과정'이 크게 정확성punctuality, 복종obedience, 그리고 기계적 반복작업repetitive work이라는 3개의 과정으로 이루어져 있다고 설명한다. 여기서 정확성 교육이란 아이들이 노동자가 되었을 때 습관적으로 정시 출근을 할 수 있게 하는 교육을 일컫는다. 산업화한 사회의 공장에서 생산을 위한 일에 종사한다는 것은 제품생산을 위한 조립라인 중 하나에서 일하게 된다는 것을 의미한다. 그런데 분업화된 조립라인들은 각자가 자신의 위치에서 담당하고 있는 부품을 생산해야만 다음 생산라인이 가동될 수 있는 구조이기 때문에, 모든 라인이 정시에 가동을 시작하지 않으면 공장 자체가 제대로 작동하지 않는다. 따라서 모든 노동자가 동시에 작업을 시작하기 위해 시간을 지키는 성인이 될 수 있도록 아이들을 교육하는 일은 산업사회의 공교육에서 매우 중요한 부분 중 하나였다. 지금도 초등학교에서 이루어지는 시계 보는 법과 같은 교육은 산업화사회에서 이루어졌던 '내면적 교과과정'의 일부라 할 수 있다.

다음으로 복종교육은 말 그대로 윗사람의 말에 복종하도

록 길들이는 교육이다. 학교에서는 선생님이나 선배의 말에 복종하도록 했던 것이 노동자가 된 후에는 상사의 말에 복종하는 것으로 대상만 바뀔 뿐, 그 성격은 변하지 않는다. 특히 조립라인 노동자들은 상사의 명령에 무조건 따르도록 강요받았는데, 이를 어길 때는 해고라는 불이익을 감수해야만 했다.

마지막으로 기계적 반복작업교육은 공장이나 사무실에서 노예처럼 일하며 반복작업을 해낼 수 있는 노동자들을 양성하기 위한 교육이다. 실제로 학교교육은 일정한 시간 동안 문제풀이나 필기를 반복하도록 하는 방식을 통해 아이들이 반복에 익숙해지도록 했고, 이후 이렇게 교육받은 아이들은 성인 노동자가 되었을 때 커다란 불평 없이 반복작업을 할 수 있게 된다.

위에서 설명한 특징을 지닌 노동자들을 만들기 위해 '제2의 물결' 시기 동안 공교육은 발전에 발전을 거듭했다. 취학연령은 점점 낮아지고 취학기간은 더욱 늘어났으며 의무교육 연한도 연장되었다. 실제로 프랑스의 경우 의무교육의 시작은 만 6세, 초등학교부터 시작된다. 또한 사립학교들은 정부의 요구를 받아들여 공립학교와 같은 내용의 교육을 시행해야 했다. 이렇게 보자면 '제2의 물결' 이후 교육은 동일한 내용을 다양한 교육기관에서 실시하는 상황을 만들어 냈다 할 수 있다. 이와는 별개로 '제2의 물결' 시기 동안 정부는 젊은이들이 노동에 집중할 수 있도록 노령자 보호를 위한 기관을 만들었는데, 이렇게 해서 등장한 기관이 바로 양로원, 요양원 등이다.

그렇다면 교육을 통해 만들어진 '제2의 물결' 시기의 사람들은 어떤 삶을 살았을까? 이제부터는 '제2의 물결'이 만들어 낸 경제의 특징과 그에 따른 남성과 여성의 전형적인 이미지에 대해 살펴보아야겠다.

3. 시장의 등장과 그 의미

'제2의 물결' 시기의 경제는 큰 틀에서 오늘날 우리가 생각하는 것과 크게 다르지 않다. 오늘날 인간의 경제생활은 크게 생산과 소비라는 두 항목으로 나누어 볼 수 있다. 우리에게 매우 익숙한 이 두 항목은 사실 '제2의 물결'과 함께 생겨난 것들이다. '제1의 물결' 시기인 농업사회에서 대다수 사람들은 자신들이 소비할 것을 스스로 생산하는 데 만족했고, 그들이 생산한 것 중 일부만을 소수의 지배층에 바쳤다. 그 당시 지배층은 직접 노동을 하지 않았으므로 오늘날의 의미에서 보자면 노예 소유주나 봉건영주 같은 소수의 지배층만이 이른바 소비자의 범주에 해당한다고 보아야할 것이다. 물론 당시에도 교환이나 거래가 전혀 없었던 것은 아니다. 그러나 당시의 교환이나 거래는 특정한 생산물을 얻기 어려웠던 특수한 지역에서 생활에 꼭 필요한 생산물을 얻기 위한 하나의 방법일 뿐이었다. 예를 들자면 산골에 사는 사람이 필요한 농산물을 얻기 위해 나무와 농산물을 교환한다거나, 소금을 얻기 위해 다른 생산품을 맞바꾸거나 하는 일들이 이에 해당한다. 이를 통해 알 수 있는 것은 '제2의 물결' 이전에는 생산과 소비가 엄격하게 구별되지 않았다는 사실이다. 산업혁명 이후에야 비로소 생산과 소비가 둘로 나뉘게 되었다.

그런데 생산과 소비가 분리되자 교환을 위한 장소가 필요하게 되었다. 교환을 위한 장소로 등장했던 시장은 곧

'제2의 물결' 시기에 경제의 중심지가 되었다. 산업화의 전개와 함께 점차 대체 불가능한 교환의 장소로 기능하게 된 시장은 생산의 목적을 바꾸어 놓기에 이른다. '제1의 물결' 시기까지만 해도 내가 사용하기 위한 물건을 스스로 생산하던 것이 점차 교환과 판매를 위해 생산하는 것으로 변화해 갔다. 이렇게 해서 시장은 교환과 판매의 행위가 일어나는 장소의 역할을 담당하게 되었는데, 즉 분리된 생산자와 소비자를 중개해 주는 교환대의 역할을 도맡게 되었다. 이러한 시장의 출현은 소비와 생산의 측면에서 사람들의 삶의 모습을 완전히 바꾸어 놓았다.

시장이 경제의 중심지 역할을 맡게 되자 농민조차도 자급자족이 아니라 교환을 위해 생산하게 되었고, 모두가 다른 사람이 생산한 식량, 재화, 서비스에 의존해 생활해야만 하는 상황이 자연스러운 것으로 여겨지게 되었다. 특히 생활에 필요한 생산품을 구하기 위해 시장에서 무언가를 팔아야만 하는 처지에 놓인 사람들은 그때부터 팔아야 할 무언가를 더 많이 생산해야 했다. 게다가 물건을 생산해서 시장에서 더 많이 팔게 될수록 다른 물건을 살 수 있는 화폐를 더 많이 손에 쥐게 된다는 사실도 깨닫게 되었다. 말하자면 시장의 존재가 분업을 촉진하고 생산성의 급증을 가져온 것이다. 그런데 생산량의 급속한 증대를 위해 고안된 것은 바로 공장제 기계공업을 통한 대량생산방식이다.

산업혁명 이전에 존재했던 공장제 수공업manufacture이 수공업을 한곳에 모아 분업적으로 생산하는 공업 생산양식 중 하나라는 것은 이미 잘 알려진 사실이다. 수공업에 분업을 결합한 형태의 공장제 수공업은 처음에는 독립적인 가내수공업에서 공장제 수공업으로 발전했다가 산업혁명을 계기로 공장제 기계공업으로 변화하였다. 공장제 수공업에서는 인간의 숙련도를 토대로 인간의 노동이 도구가 되었던 데 반해 공장제 기계공업은 도구를 기계로 바꾸어 노동생산력을 비약적으로 늘릴 수 있었다. 이러한 기계의 사용은 부녀자와 아동처럼 미숙련 노동자들마저도 생산에 동원할 수 있게 하였다. 고용주들이 일방적으로 미숙련 노동자들에게는 적은 임금을 주어도 될 것이라고 판단했기 때문이다. 공장이 점진적으로 자동화시스템에 의해 작동하게 되면서, 공장제 수공업에서 필수적인 도구로 대우받았던 노동자는 공장제 기계공업시스템 내에서 움직이는 기계의 보조자에 불과한 것으로 여겨지게 되었고, 임금은 바로 이러한 이해의 수준에서 책정되었다. 노동자와 노동에 대한 이러한 방식의 이해를 정당화했던 것이 바로 자본주의를 '이윤을 추구하는 경제체제'로 보는 태도였다. 이상에서 살펴본 바와 같이 공장제 기계공업의 발전은 자본주의적 생산양식을 확립하고 발전시키는 한편, 자본가 계급Bourgeoisie과 임금노동자 계급 Proletariat이라는 두 계급의 대립관계를 형성하였다.

실제로 영국에서는 1760년대부터 1830년대에 걸친 산업혁명을 통해 공장제 기계공업시스템이 완전히 자리를 잡았고, 프랑스와 서유럽 대부분에서 수용되었던 자본주의적 생산양식은 곧 사회의 지배적 생산양식으로 확립되었다. 이 생산양식은 노동자를 노동에 대한 임금, 즉 화폐로 그 가치를 측정하는 계약으로 옭아맸고, 노동자들은 하루하루의 생활을 위해 기꺼이 그 계약에 임해야만 하는 상황이 반복되었다. 말하자면 공장 또한 노동자들이 그들의 노동력을 팔아서 필요한 물건을 살 수 있는 화폐를 대가로 받는다는 점에서 일종의 시장이었던 셈이다. 그렇다면 분업화와 생산성 향상이라는 좋은 결과를 도출한 것 같았던 공장제 기계공업과 시장의 출현에 대해 모든 이들이 동의하거나 방관했을까? 그렇지만은 않은 것 같다. 정치·사회적인 측면에서 볼 때, 경제 이윤의 분배에서 발생하는 불균형 때문에 많은 노동자가 마르크스주의가 주장하는 계급투쟁에 나서게 되었다. 경제라는 측면에서만 보더라도 교환경제의 중심이 된 시장의 횡포는 이루 말할 수 없었기 때문이다. 시장은 단순히 생산품을 사고파는 데 그치지 않고 인간의 노동력, 창의적인 아이디어, 수준 높은 예술정신까지 사고파는 상황에 이르게 되었다. 불가능한 것이 없는 무소불위의 권력을 가지게 된 시장은 —너무 큰 힘을 갖게 된 모든 것들이 그러하듯이— 자연스럽게 타락하게 되었다. 여기에 더하여 시장의 타락을 막아야 할 책임을 가진 관리인들이 오로지 자신들의 사적 이익을 위해 오히려 타락을 부추기는 일까지 벌어졌다.

공장제 기계공업을 바탕으로 하는 산업사회의 특징인 생산과 소비의 분리, 이로 인한 시장의 활성화는 이후 점차 인간의 정신세계에도 큰 영향을 미치게 된다. 임금노동에 기인한 인간관계의 거래행위에서 싹튼 인식이 인간의 다른 모든 행동마저도 일련의 거래행위로 간주하도록 했기 때문이다. 이러한 인식은 후기 산업사회로 진입하면서 더욱 심각한 지경에 이르렀다. 우정, 사랑, 심지어 결혼조차도 실질적이거나 암묵적인 계약관계에 기초한 것으로 보는, 이를테면 변종화된 문명이 등장하게 되었기 때문이다.

이와는 별개로 생산과 소비의 분리는 생산자와 소비자의 분리를 가져왔다. 후기 산업사회로 진입하면서 완전히 자리 잡게 된 생산자와 소비자의 역할 분리는 하나의 사람, 즉 동일인에게 생산자인 동시에 소비자라는 이중적인 인격 dual personality을 갖도록 만들었다. 달리 말하자면 동일한 사람이 생산자일 때와 소비자일 때 완전히 다른 인격을 가진 사람이 된다는 것이다. 누군가는 생산자로서 학교교육을 통해 혹은 사회화를 통해 배운 것처럼 엄격하게 직장의 규율을 지키고 통제와 구속을 받는 팀의 일원이 되도록 노력할 것이다. 반면에 바로 그 누군가가 소비자일 때 그는 순간적인 만족을 추구하고, 무계획적이고, 규율을 지키지 않고, 더 쾌락을 추구하려고 한다. 이때 이러한 성향을 보이는 소비자로서의 개인은 마치 생산자로서 자신이 받았던 통제와 억압에서 벗어나거나 적어도 사회가 바라는 생산자로 살기 위해 받았던 스트레스를 해소하려고 하는 것만 같다. 실제로 우리가 '불금'을 기다리거나 적어도 작은 일탈이나마 희망하는 까닭은 생산자로 사는 자신의 삶을 갑갑하고 힘들게 여기기 때문일 것이다.

4. 전형적인 남성·여성 이미지의 강화

인간을 생산자와 소비자로 양분했던 '제2의 물결'은 남녀의 역할 구분도 더욱 공고하게 만들었다. 이것은 우리가 알고 있는 전형적인 남녀 이미지들과 관계가 깊다. 일반적으로 사람들은 남자들의 행동양식이 여성에 비해 객관적이고, 여자들의 행동양식은 남성에 비해 주관적이라고 말한다. 이 말이 과연 진실인지 생각해 본 적이 있는가? '미투운동The #MeToo Campaign' 덕택에 여성을 대상으로 한 우리의 선입견에 대해 반성하게 된 지금도 아마 많은 사람은 즉각적으로 이러한 생각을 편견이 아닌 사실이라고 생각할 것이다. 그런데 여성을 성적 대상으로 여기는 것을 당연시하는 남성들의 태도나 여성에 대한 일반적인 편견은 아마도 '제2의 물결'이 사람들의 마음에 '깊이 박은 쐐기'로 인해 형성된 심리적 영향 때문이라고 봐야 할 것 같다. 이러한 생각을 가장 잘 보여 주는 사례가 바로 가정에서의 성별 노동분업인데 우선 이에 대해 살펴보자.

자본주의가 성숙기에 접어들었을 무렵, 사람들은 흔히 남편이 사회에 나가 직접적인 경제활동을 하고, 전업주부인 아내는 집안에서 간접적인 경제노동, 즉 가사노동을 한다고 생각했다. 이것은 남성이 역사적으로 더 진보한 노동을 담당하는 데 비해, 여성은 낡고 뒤떨어진 노동을 맡는다는 인식을 만들어 냈다. 공장과 사무실은 상호의존도가 높은 노동의 장소로서 그곳에서 행해지는 노동은 집단작업이라는 성격을 지닌다. 실제로 산업사회의 노동은 분업, 조정, 각종 기술의 통합이 필요한 집단작업이라 생각되었기 때문에 노동자들 사이에 객관적 관계가 강조되었다. 반면에 가정은 여전히 출산과 육아, 그리고 문화의 전승을 담당하는 독립된 하나의 단위로 여겨졌다. 가정에서 출산이나 육아에 실패하여 자녀를 훌륭한 노동자로 키우지 못했다고 해서 그 결과가 반드시 이웃 가정의 출산이나 육아에 영향을 끼치는 것은 아니었기 때문에 가정에서의 노동은 여전히 상호의존도가 낮은 활동으로 이해되었다. 말하자면 가정에서 행해지는 여성의 노동은 여전히 '제1의 물결' 시기의 노동과 같은 것으로 받아들여졌다. 게다가 가정에서 주로 혼자 하게 되는 육아나 가사노동은 다른 사람과 시작과 끝을 맞추어야 하는 집단적 성격을 갖지 않았던 탓에 주관적이라 여겨졌다. 여성의 가사노동을 흔히 집안에서 하는 덜 중요한 일 또는 아무런 잉여가치도 만들어 내지 않는 허드렛일이라는 의미에서 '집안일'이라는 이름으로 폄하하여 부르는 행태가 이를 잘 반영한다고 하겠다.

사실 최근까지도 사회학자들은 가사노동을 노동으로 간주하지 않았다. 그 이유는 아마도 사회학이라는 학문영역에서조차도 만연한 성차별주의 때문일 것이다. 남성 사회학자들은 가사노동을 노동이 아닌, 그들이 남편으로서 받을 권리가 있는 서비스쯤으로 여겼을지도 모른다. 본래 사회학 이론이 경제, 산업, 국가에서의 남성사회의 영역을 설명하도록 전개되었으므로, 남성 사회학자들이 보기에 가정은 양육을 중심으로 하는 가사의 영역으로 분류되어 비사회적인 것으로 한정되었을 것이고 가정주부는 경제적으로 비활동적인 사람으로 정의될 수밖에 없었을 것이다. 이러한 측면에서 본다면, 어릴 때부터 공장이나 사무실로 진출하도록 교육받은 남성은 객관적인 인물로, 가사와 육아를 담당하도록 교육받은 여성은 주관적인 인물로 인식되는 것이 당연해 보일 정도이다. 결국 이러한 시각 때문에 여성은 합리적·분석적 사고능력이 없다고 여겨졌던 것이다.

남녀의 역할이나 차이에 대한 고정관념이 더욱 심화한데에는 또 다른 이유, 즉 '제2의 물결'이 가진 경제적 특징에서 기인한 것도 있다. 남성과 여성 모두 생산과 소비 양자를 담당하고 있음에도, 남성은 주로 생산을 맡고 여성은 주로 소비를 맡는다고 여기는 생각이 바로 이에 해당한다. 사실 여성에 대한 억압은 '제2의 물결' 이전부터 있었지만, 생산과 소비의 분리는 남성과 여성 사이의 성차별을 더욱 심화시켰다. 앞에서 살펴본 것처럼 결혼이라는 제도를 전제로 할 때 가사노동은 일반적으로 여성의 책임으로 여겨져 왔다. 특히 여성이 임신과 출산을 한 이후에는 육아노동과 가사노동을 전적으로 여성이 도맡아 해야 하는 것이 자연스러워 보이기까지 했다. 육아노동과 가사노동은 결혼한 여성의 의무이자 결혼의 결과로서 남성을 위해 수행하는 봉사 정도로 이해됐던 것이다. 하지만 이것은 엄밀히 말하면 자본주의 이후 더 철저해진 성별 노동분업의 결과이다.

비록 가사노동의 내용은 국가나 문화에 따라 다양할 수 있지만, 내일의 노동력을 재충전하기 위해 여성이 남성에게 해야 하는 봉사로서 가사노동을 바라보는 시각은 모든 가부장적인 사회에서 보편적이다. 그런데 소위 바깥일에 전념하는 남성의 재충전을 위해 여성은 어떤 가사노동을 하게 될까? 아마 휴식과 재충전을 위한 모든 일이 가사노동일 것이다. 이 중 장보기라고 하는 소비활동은 필수적이다. 이미 자급자족의 시대를 벗어난 '제2의 물결' 시기에 여성은 장보기를 통해 식료품을 조달할 수밖에 없었다. 만약 여성이 장을 보지 않는다면 재충전을 위한 식사는 어떻게 마련할 것인가? 더불어 산업화와 함께 진행된 기술혁신으로 인해 청결함 또한 가정환경의 중요한 기준이 되었고, 그 결과 여성들의 가사노동 강도는 더더욱 심화될 수밖에 없었다. 결국 산업화된 사회에서는 전前산업사회에 비해 훨씬 강도 높은 가사노동이 필요하게 되었다. 이를 만족시키기 위해 여성은 먹거리와 청결유지를 위한 생활용품 등에 대한 더 많은 소비를 강요받는 일이 생겨난 것이다. 그러나 '제2의 물결'은 이런 상황을 살펴보려고 하지 않은 채 단순히 여성을 소비와 동일시하였고, 그 결과 여성은 소비, 남성은 생산이라는 이분법적 이미지만 강화하는 결과를 낳았다.

지금까지 우리는 '제2의 물결'과 함께 나타난 변화들, 즉 가족제도의 변화, 공교육과 시장의 출현, 그리고 전형적인 남성, 여성 이미지의 강화에 대해 살펴보았다. 그런데 '제2의 물결'은 이상의 변화들을 통해 확보한 자신의 영향력을 지켜 내고 그것을 더욱 확고한 것으로 만들기 위해 몇 가지 행동규범을 제시하게 된다. 이제부터는 그 행동규범에 대해 알아보기로 하자.

5. '제2의 물결'의 규범: 여섯 가지 원리

'제2의 물결'은 산업화를 안정적으로 지속시킬 수 있는 시스템을 구축하기 위해 표면에 드러나지 않는 고유한 규범을 만들게 된다. 이 규범은 크게 여섯 가지 원리로 구성되는데, 그것은 각각 표준화, 전문화, 동시화, 집중화, 극대화, 그리고 중앙집권화이다. 이 원리들은 상호보완적인 관계를 맺고 있으며, 실제 삶의 모습과도 매우 밀접한 관련을 맺고 있다. 말하자면 이 원리들은 단순히 생산이나 생산품과 관련된 원리일 뿐 아니라 노동자들을 특정한 모습으로 구성해 내는 원리이기도 했다. 결국 이 여섯 가지 원리는 유년기에 접어들 때부터 성인이 될 때까지 아주 오랜 시간 동안 사회 구성원들을 길들여서 '제2의 물결'이 원하는 노동자의 모습으로 만들어 내기 위한 보이지 않는 장치이기도 하다. 이에 대해 자세히 살펴보기로 하자.

1) 표준화

첫 번째 원리인 표준화standardization는 '제2의 물결'을 뒷받

침하는 원칙 중 가장 널리 알려진 것이다. 이 원리는 제품의 규격화뿐 아니라 각종 업무의 절차와 관리에도 해당하는 것으로서 노동자에게 최대한 생산력을 끌어내기 위한 노동의 표준화에서 시작되었다. 노동의 표준화란 어떤 작업을 수행할 때 작업의 순서나 도구를 최선으로 보이는 방법에 맞추어 설정하는 것을 말한다. 토플러는 이러한 표준화의 원리에 자본주의 사회의 경영자들뿐 아니라 공산주의자들도 열광하였다고 지적한다. 실제로 러시아의 산업화를 위해 고군분투했던 레닌은 사회주의적 생산에서도 표준화를 활용할 것을 주장했다.

표준화의 원리는 노동뿐 아니라 고용절차에도 적용되었다. 자본가들은 노동자를 고용할 때 표준화된 시험을 통해 부적격자를 걸러 냈다. 모든 산업에서 임금의 기준이 마련되었고 이 외에 복리 후생, 점심시간, 휴일, 불만처리절차 등의 기준도 표준화되었다. 그리고 젊은이들을 기업이나 공장이 원하는 노동자로 교육해 사회에 내보내기 위해 교육 역시 표준화된 교과과정을 기준으로 진행되었다. 또한 표준화된 교과과정의 하나로 채점법, 입학시험방법, 졸업

자격에 관한 규정 등도 동일한 방식으로 표준화되었다. 객관식 시험이 일반화되었던 것도 같은 이유에서였다.

대중매체도 표준화되었다. 점차 표준화된 이미지가 대중매체를 통해 널리 보급됨에 따라 수많은 사람이 똑같은 광고와 뉴스를 보면서 표준화된 생각에 젖어 들게 되었다. 표준어가 지정됨으로써 특정 지방에서만 사용되던 지역어 —예를 들어 프랑스의 알자스어, 영국의 웨일스어 등— 가 거의 사라지거나 완전히 없어지는 현상이 생겨나기도 하였다. 표준화는 일상생활의 표준화를 낳기도 했는데, 어디를 가나 동일한 광고판, 주유소, 흔한 모양의 주택 등으로 이루어진 표준화된 풍경은 소위 지방색이라고 부르던 것을 완전히 사라지게 했다. 그뿐 아니라 도량형도 표준화되었는데, 이전까지 쓰던 잡다한 도량형 단위들 대신 미터법과 같은 새로운 역법을 도입하여 공표하게 되었다. 다시 말해 '제2의 물결' 이전 시대에 제각각이던 도량형 대신 표준화된 도량형제도가 전 세계에 보급되었다.

화폐의 표준화도 이루어졌다. 화폐의 표준화를 위해 국가만이 화폐를 발행하고 유통할 수 있게 하는 법안을 제정

함으로써, 정부 이외에 그 누구도 화폐를 발행할 수 없도록 하여 단일한 표준통화만 국내에 유통되도록 힘썼다. 화폐의 표준화와 함께 상품의 가격에도 표준화가 정착되었는데, 이것은 가격을 흥정하던 당시의 관례에 커다란 변화를 가져왔다. 이러한 놀라운 발상은 북아일랜드 출신의 뉴욕 포목상 A. T. 스튜어트라는 청년에 의한 것이었다. 스튜어트는 자신의 상품에 가격을 표시하는 '정가상법定價商法'을 도입하여 당시 대량유통의 발전을 가로막던 주된 장애요소를 제거함으로써 거상巨商이 되었다. 이후 상품 가격의 표준화는 산업사회에서 완전히 자리 잡게 되었다.

이처럼 '제2의 물결' 시기에 이르러 표준화가 능률적이라는 사실을 인정하는 많은 사람에 의해 표준화는 우리 삶의 여러 부분에 영향을 미치게 되었고, 그 결과로 이전까지 존재했던 갖가지 특이점들과 차이점들은 표준화되었다. 그야말로 모든 것이 획일화된 시대가 도래한 것이다.

2) 전문화

표준화와 더불어 '제2의 물결' 사회에 공통적인 두 번째 원리는 전문화specialization이다. 앞에서 언급한 것처럼 '제2의 물결'이 일반화됨에 따라 언어, 생활방식, 심지어 여가를 보내는 방법에서마저 다양성이 사라져 갔다. 그런데 이와는 반대로 노동의 영역에서는 오히려 다양성이 요구되었다. 가속화되는 산업화 때문에 생산현장에서는 점점 더 분업이 필요하게 되었다. 이에 따라 '제2의 물결' 시기에는 다재다능한 노동자 대신에 한정된 분야에서만 통용될 수 있는 전문가와 온종일 한 가지의 일만 반복할 수 있는 노동자의 이미지를 일반화했다. 이처럼 전문화는 대량생산을 위해 분업을 촉진하는 과정에서 등장했다. 노동자가 혼자서 완제품을 생산하는 것과 생산공정을 부품별로 나누어 생산한 후 그것을 조립하여 완제품을 만드는 것 사이의 생산성을 생각하면, 당연히 분업을 통한 생산이 월등하다고 할 수 있다.

실제로 토플러는 1908년에 헨리 포드가 포드 T형 자동차 제조를 시작했을 때 1대의 자동차를 완성하기 위한 공정이 이미 7,882개로 나뉘어 있었다고 말한다. 포드는 이 각각의 공정에 대해 자세히 설명하고 있는데, 예를 들어 "모든 공정 중 949개의 공정은 신체가 튼튼한 숙련공, 육체적으로 뚜렷한 장애가 없는 사람이 필요하다"거나, 3,338개의 공정은 "보통 정도의 체력이 있는 남성"이면 되고 나머지 공정 대부분은 "여성이나 어느 정도의 연령에 도달한 어린이라도 작업이 가능하다"는 기록이 지금도 남아 있다는 것이다. 심지어 포드의 분석 중 "670개 공정은 두 발이 없는 노동자라도 충분하며, 2,637개 공정은 다리가 하나뿐인 노동자라도 할 수 있다"와 같은 부분은 노동자에 대한 당시의 냉정한 시각을 잘 보여 주고 있다. 이에 대해 토플러는 포드의 방식이야말로 전문화가 인간을 짐승처럼 바라보는 시각을 만들 수도 있다는 사실을 입증하는 좋은 사례라고 말한다.

그런데 전문화가 자본주의의 고유한 현상만은 아니다. 전문화는 자본주의와 사회주의를 가리지 않고 '제2의 물결' 사회에 공통으로 나타난다. 이에 대해 토플러는 생산과 소비의 분리가 전문화를 가져온 근본적인 원인이라고 지적한다. 1980년대의 사례를 살펴보면 당시 소련이나 폴란드, 동독, 헝가리 등 사회주의 국가의 공장들이 미국이나 일본의 공장들과 유사한 수준의 전문화 양상을 보인다는 것이다.

이렇게 전문화의 경향이 일반적인 추세로 자리를 잡게 되자, 전문직화professionalization의 풍조가 점점 확산되어 갔다. 시장은 특정 지식을 가진 사람들과 그 지식이 필요한 사람들을 생산자와 소비자로 갈라놓았다. 그 결과 건강은 의사, 의료기관 등의 전문화된 사람이나 집단이 제공하는, 일종의 제품과도 같은 이미지를 갖게 되었다. 말하자면 건강이라는 것은 자신이 가진 지식이나 습관의 결과로 누리게 되는 것이라기보다는 의사나 건강증진을 관장하는 의료기관이 제공하는 하나의 제품이라는 인식이 지배적으로 확산되었다. 그뿐 아니라 교육은 선생님이 '생산'하고, 학생이 '소비'하는 제품으로 여겨지게 되었는데, 이 또한 '제2의 물결'이 만들어 낸 상황, 즉 특정한 지식을 소유한 사람과 그 지식을 구하는 고객 사이에 시장이 개입한 결과라 할 수 있다. 이처럼 토플러는 '제2의 물결'이 자본가, 경영자, 교육자, 성직자, 그리고 정치가에 이르기까지 특정 직업군에 해당하는 사람들의 고유한 공통의 사고구조를 만들어 냄으로써 점점 더 그 직업군이 전문화된 제품으로서의 지식을 제공하게끔 했다고 주장한다.

3) 동시화

'제2의 물결' 시기 동안 생산과 소비 사이의 균열이 커짐에 따라 시간에 대한 사회 구성원들의 태도도 변하게 되었다. 그것이 바로 세 번째 원리인 동시화synchronization이다. 이 원리 또한 '제2의 물결'과 함께 시작되었다고 말할 수 있다. 그 사회가 자유경제체제이건 계획경제체제이건 상관없이 시장에 의존하는 사회는 시간을 돈으로 환산하려 한다는 특징을 갖고 있기 때문이다. 완전히 분업화된 '제2의 물결' 시기 노동의 특성 때문에 모든 작업은 시간에 맞추어 동시에 진행되어야 했다. 물론 '제2의 물결' 이전 사회에서도 노동에 있어 시간은 중요한 문제였다. 집단으로 노를 젓거나 어부들이 그물을 끌어 올릴 때 동시에 같은 동작을 하는 것이 필수적이었고, 이를 위해 고안된 것이 바로 노동가였다. 따라서 작업의 동시화는 자연 발생적이며 유기적인 특징을 갖는다고 말할 수 있다. 그러나 '제2의 물결'의 원리로서 동시화는 계절의 리듬이나 생리적인 반응, 심장의 고동과 같이 자연 발생적이고 유기적인 성격과는 거리가 멀다. '제2의 물결'의 동시화는 기계의 리듬을 따르는 것이기 때문이다.

일반화된 공장제 기계공업형태는 값비싼 기계와 인간의 노동이 서로 의존함으로써 생산성을 높일 수 있도록 하는 데 안간힘을 썼고, 이를 위해 인간의 노동은 기계의 리듬에 맞춰야만 했다. 기계공업의 공정에서 한 그룹의 작업이 지연되면 다른 그룹의 작업도 지연될 수밖에 없었기 때문이다. 농경사회에서 중요하게 여겨지지 않았던 시간엄수가 사회 전체에서 요구되는 필수적인 덕목 중 하나로 자리 잡았고, 그 결과 벽시계나 손목시계는 필수품이 되었다. 시계가 필수품이 되면서 우리 또한 어린 시절부터 학교에서 시간 보는 법을 배우지 않으면 안 되었던 것이다. 이에 대해 영국의 역사학자 E. P. 톰슨은 시계가 보급된 시점이 산업혁명 시기에 대규모적인 노동의 동시화가 요구되었던 시기와 일치한다고 말한 바 있다.

이러한 동시화의 원리는 우리의 일상에도 많은 영향을 미쳤다. 이 원리는 어린이들의 취학연령과 노동자들의 출퇴근시간을 통일시켰다. 사실 학생들이 수업시간에 늦지 않도록 등교하는 습관은 이후 사무실이나 공장에 정시에 출근하여 업무의 시작을 알리는 사이렌 소리에 맞추어 노동을 시작하도록 하기 위한 것이기도 하다. 퇴근시간이 정해짐에 따라 근무시간도 정해졌고, 노동은 시간으로 계산되기에 이르렀다. 동시화에 의한 작업시간의 설정과 함께 표준적인 휴가나 휴일, 휴식시간의 길이 또한 설정되었다. 이와 함께 소위 러시아워rush hour라 불리는 현상도 출현했다. 모든 노동자들의 일과가 표준화되자, 방송국의 오락 프로그램 편성도 노동자들의 여가시간에 집중하게 되었다. 그러다 보니 공장의 생산을 촉진하거나 작업라인에 관해 연구하거나 표준 작업시간을 연구하는, 요컨대 동시화를 연구하는 전문가마저 나타나기에 이른다.

그런데 동시화의 원리 또는 그 원리의 적용에도 남녀에 대한 편견이 깊이 배어 있다는 것을 알 수 있다. 남성들은 흔히 여성들이 시간관념이 없어서 늘 약속에 늦는다고 말한다. 하지만 이러한 생각은 매우 편향적인 사고라 할 수 있다. 남성과 여성은 다른 시간의 리듬에 맞춰 살도록 사회적으로 구분되어 있을 뿐 여성이 시간관념을 갖지 못할 만큼 무지하다고 할 수는 없기 때문이다. 실제로 '제2의 물결' 사회가 만들어 놓은 성별 노동분업에 따라 남성들은 공장이나 사무실에서 노동에 능동적으로 참여하여 기계적인 시간의 리듬에 매우 얽매여 있었던 데 반해, 상호의존성이 낮은 가사일을 담당했던 여성들은 상대적으로 시간의 흐름에 크게 영향을 받지 않았다. 따라서 여성이 시간관념이 없다는 일반화는 과도한 것이거나 성급한 결론으로 보인다. 이러한 편향된 사고는 시골 사람들에 대한 도시인들의 시선에서도 잘 나타난다. 여전히 '제1의 물결' 사회의 특성을 지닌 시골 사람들에게 도시인들은 '느려 터졌다'거나 '약속을 잘 지키지 않으므로 믿을 수 없다'는 등의 불만을 토로하기도 한다. 이러한 오해 역시 고도의 상호의존이 필요한 '제2의 물결'에서의 노동과, 논밭이나 집에서 이루어지는 '제1의 물결'에서의 노동 사이에 나타나는 차이에서 비롯된 것이라 할 수 있다.

4) 집중화

'제2의 물결' 사회의 고유한 특징인 시장의 등장은 이 시기의 네 번째 원리인 집중화concentration를 촉발했다. 우리는 집중화의 첫 사례를 대도시로의 인구 집중에서 찾을 수 있다. '제2의 물결'은 사람들을 농촌에서 끌어내어 기계를 가진 공장이 있는 거대한 도시로 이동시켰다. 이후 '제2의 물결'은 노동 또한 집중화했다. '제1의 물결' 시기의 노동이 가정이나 마을, 들판 등 어디에서나 이루어졌다면 '제2의 물결' 시기에는 수천 명의 노동자가 하나의 공장 안에서 노동하도록 함으로써 노동의 집중화를 이루어 냈다. 또한 에너지 사용도 석유나 석탄 등 화석연료에 집중되었다. 갖가지 에너지원에 의존하던 '제1의 물결'과 달리 '제2의 물결' 사회는 석유, 석탄, 천연가스와 같은 화석연료에 집중적으로 의존하는 모습을 보이게 되었다.

더 나아가 '제2의 물결'의 집중화는 노동이나 에너지원뿐 아니라 자본의 집중화를 가져왔는데, 자본의 집중화는 대기업이라는 독점적인 형태를 띤 기업을 탄생시키게 된다. 1960년대 중반 미국의 3대 자동차 회사가 미국 전체 자동차의 94%를 생산했고, 서독에서는 폭스바겐, 다임러 벤츠, 오펠, 포드-베르케 등 4개 업체가 전체 자동차 생산의 91%를, 이탈리아에서는 피아트 하나의 회사가 전체 자동차의 90%를 생산하는 일이 벌어졌다. 그 밖의 물품들도 업종별로 3-4개 이내의 기업에 의해 독점적으로 생산되는 양상을 보였는데, 이것은 고도화된 산업 집중의 결과라 할 수 있다. 이러한 현상은 자연스럽게 부의 집중화로 이어지게 되었고, 이후 커다란 사회문제가 된다.

5) 극대화

집중화는 '제2의 물결' 시기의 또 다른 특징인 '큰 것에 열광'하는 극대화maximization 현상을 일으켰다. '극대화 편집광'이라고도 하는 이러한 경향은 과도하게 크기나 성장을 추구하는 경향을 일컫는다. 자본가들은 공장의 작업시간이 길어져서 생산량이 많아지면 생산단위 원가가 저렴해지므로 이익이 생기리라 기대했고, 같은 논리로 기업의 규모가 커지면 경제성이 높아질 것이라고 믿게 되었다. 그 결과 '크다'라는 말이 '능률적'이라는 말과 동의어가 되었고, 곧 '극대화'는 '제2의 물결'의 다섯 번째 원리로 자리 잡게 되었다.

극대화를 추구하는 현상은 비단 생산의 영역에만 국한되지 않았다. 각 나라와 도시들은 저마다 최고의 마천루, 최대의 댐 등을 만들어 냈다. 거대한 것을 성장의 결과로 여기는 풍조 때문에 정부나 기업은 더 큰 것에 열광해 경쟁적으로 큰 것을 만들어 내는 데 열을 올리게 되었다. 이러한 극대화 성향은 소련에서도 영향력을 행사했다. 러시아혁명 후 레닌은 기업체의 수를 정리하여 최소화하는 대신 그 기업체의 규모를 극대화하여 되도록 규모가 큰 생산단위로 만드는 정책을 수행했다. 스탈린 또한 마찬가지의 정책을 실행했다. 그는 미국 공장의 이런저런 설비 규모를 묻고는 그보다 큰 공장을 건설할 것을 명령하기도 했다고 한다. 규모에 대한 맹신은 기업의 규모나 공장의 크기, 건물의 높이에 국한되지 않고 더욱 추상적인 영역으로 나아갔다.

각 나라에서 국민총생산GNP, Gross National Product이라는 통계 수치에 열을 올리는 것도 극대화 취향의 일환이라는 것이 토플러의 설명이다. 하나의 국가에서 생산된 재화와 서비스의 가치를 총합한 수치인 GNP는 마치 한 나라의 경제 규모를 보여 주는 지표로 기능하는 듯했기 때문에 각 나라 정부들은 GNP 증대를 위해 맹목적인 경쟁을 벌여 왔다. 그러나 GNP는 시장활동이나 상품 거래만을 계측의 대상으로 삼고 있었기에 육아나 가사노동 같은 비급여 생산을 기반으로 하는 부분, 즉 우리의 생명유지와 노동을 위한 재충전에 필요한 부분을 경시하는 결과를 낳았다. 다른 한편으로 GNP 증대를 위한 맹목적인 전진은 오로지 경제성장만을 극대화함으로써 생태계 파괴 등 많은 끔찍한 사회문제를 낳는 결과를 가져오게 된다.

6) 중앙집권화

자급자족을 기본원리로 삼던 '제1의 물결' 경제가 종합적 국민경제의 형태인 '제2의 물결' 경제로 전환됨에 따라 '제2의 물결' 사회는 그 기본적인 체제부터 달라져야만 했다. 그때 강력한 영향력을 발휘했던 원리가 바로 중앙집권화 centralization이다. 교회를 근간으로 하는 '제1의 물결' 시기의 권력자도 권력을 중앙으로 집중해야 한다는 사실을 잘 알고 있었기에 힘을 집중하는 방법들을 고안했다. 그러나 당시의 사회와 훨씬 복잡해진 '제2의 물결' 시기의 사회를 비교해 보면 그 차이는 명백하다. '제1의 물결' 경제는 기본적으로 지방분권적이고 자급자족을 원칙으로 삼았던 것과 달리, 종합적 국민경제의 특징을 갖는 '제2의 물결' 경제는 출현과 함께 권력의 중앙집권화 방법을 달리 해야만 했다. '제2의 물결' 경제에는 중앙집권적 기능과 탈중앙집권적 기능이 동시에 필요했다. 이를 위해 새로운 중앙집권화 방법을 개별 기업과 산업, 그리고 전체 경제 차원에서 구체화하였을 뿐 아니라 정치영역에서도 동일한 성격의 중앙집권화가 나타나게 되었다.

일례로 1787년 미국에서는 각 주의 독립성을 보장했던 '13개 주 헌법'을 중앙집권적 성격이 강한 새로운 연방헌법으로 바꾸었다. 유럽에서도 유사한 움직임이 나타났는데, 제2차 세계대전 이후 프랑스의 드골 정권도 한층 더 강력한 대통령 중앙집권제를 확립하게 되었다는 사실이 이를 잘 보여 준다. 이뿐 아니라 스웨덴이나 영국, 심지어는 아시아 국가인 일본마저도 정치의 중앙집권화 대열에 동참했고 이들 국가는 모두 미국보다 더 중앙집권적인 성격을 지니고 있다.

그렇다면 '제2의 물결' 시기에 가장 극단적으로 정치의 중앙집권화가 진행되었던 나라는 어디일까? 토플러는 마르크스주의적 산업국가들이 여기에 해당한다고 말한다.

토플러에 의하면 1850년 마르크스가 "국가에 의한 권력의 결정적 중앙집권화"의 필요성을 주장한 바 있다고 한다. 또한 엥겔스는 탈중앙집권적 연방제에 의한 정치형태를 "가장 시대에 뒤떨어진 것"이라고 비판한 바 있다고 한다. 그러나 정확히 말하자면 이러한 주장은 자본주의체제에 만연해 있는, 사적 소유제도에 의한 폐해를 막기 위한 하나의 방법으로서 제안된 것이었다. 부연하자면 프롤레타리아 혁명 이후 부르주아지에 의해 사적으로 독점되었던 생산수단을 공산당 일당 독재를 통해 공적 소유로 전환하는 과정에서 그 일을 담당하기 위한 주체를 설정하자는 주장이었을 뿐이다.

그럼에도 공산화 혁명 이후의 소련은 산업화의 촉진에 지나치게 열중한 나머지 ─생산수단의 공적 소유화 이후에 밟았어야 할 과정인 공산당 해체 대신 정치·경제 양면에서 가장 고도로 중앙집권화된 구조를 지닌─ 반反마르크스·엥겔스주의적인 성격의 국가를 건설하게 되었다. 그리고 이후 소련은 생산에 관한 결정이라면 무엇이든 중앙 당국의 손을 거쳐야만 하는, 세계에서 가장 중앙집권화된 국가가 되었다.

'제2의 물결' 시기 경제에서의 중앙집권화는 개별 기업과 산업, 그리고 국가 전체 경제의 차원에서 함께 이루어졌다고 말한 바 있다. 이에 대해 조금 더 자세히 살펴보자. 중앙집권화된 시스템이란 사실 국가나 기업이나 동일한 방식을 따르고 있다고 할 수 있다. 예를 들어 기업체에서 피고용인들이 매일매일 보고서를 작성해 제출하면 그 정보들은 중앙집권화된 지휘계통을 통해 상부로 전달되고, 상부는 그 정보들을 통해 의사결정을 한 후 다시 그 지휘계통을 따라 명령을 하달한다. 초기 철도산업을 예로 들면 거대한 기업을 운영하기 위해 철도 회사는 종업원들을 라인line과 스태프staff로 나누고, 일일보고서(차량 이동, 적재, 파손, 화물 분실, 수리, 운행 거리 등에 관한 자료)를 제출하도록 했다. 스태프들에 의해 수집된 정보들은 중앙집권화된 지휘계통을 통해 총지배인에게 전달되었고, 그 후 결정이 내려지게 되면 이 결정은 라인을 통해 명령 형식으로 하달되었다. 이러한 식으로 일사불란하게 보고와 의사결정이 이루어지고 의결된 내용은 곧바로 실무진에게 전달되는 형태가 '제2의 물결' 당시 전형적인 중앙집권화시스템의 모습이다.

그런데 이러한 특징을 갖는 경제의 중앙집권화시스템의 중심에는 정부가 설립한 중앙은행이 있었다. 사실 중앙은행이라는 명칭에서 이미 경제를 중앙집권화의 대상으로 삼겠다는 의도를 읽을 수 있다. 통화와 신용을 중앙에서 관리하기 위한 목적으로 만들어진 중앙은행은 화폐의 발행과 유통 외에도 정부를 대신해 시장활동의 수준과 속도를 조절하는 일을 담당했다. 중앙은행은 통화공급을 조절함으로써 자본주의경제의 단기계획을 수립하는 구실을 했다. 이렇게 중앙정부와 중앙은행은 서로 협력해서 경제와 권력의 중앙집권화를 가속화했다. 중앙은행이 수립한 단기계획의 이면에는 정부와의 막후 의견 조율과정이 있다. 이를 통해 양자는 더 밀접한 관계를 맺게 되고, 그 결과 권력을 자신들에게로 집중시키려고 했다. 이러한 일은 결국 정치에도 중앙집권화를 가져왔고, 정치와 경제가 좋지 않은 관계를 맺는 계기가 되었다.

지금까지 우리는 '제2의 물결'의 특징과 그 사회를 유지하기 위한 여섯 가지 원리들에 대해 살펴보았다. 그런데 이 여섯 가지 원리들은 정도의 차이만 있을 뿐, 자본주의 국가와 사회주의 국가를 막론하고 '제2의 물결' 시기의 모든 국가들에서 공통으로 활용되고 있었다. 토플러는 이 여섯 가지 원리가 생산자와 소비자의 분리 및 시장 기능의 계속적인 확대 때문에 필연적으로 발생한 것이기 때문에 모든 산업사회에서 이 원리들이 필수적이었을 수밖에 없다고 설명한다. 또한 이 원리들에 의해 만들어진 것이 바로 '비인간적인 관료제도'인데, '제2의 물결' 시기에 접어들어 인류는 지금까지 겪어 보지 못했던 거대하고 경직되고 강력한 관료조직의 지배하에서 짓눌리고 압도되어 방황하고 있는 것처럼 보인다. 현대철학이 던지고 있는 "나는 누구인가?" 또는 "주체란 무엇인가?"와 같은 물음들은 아마도 이러한 상황에 부닥친 인간들을 설명하기 위함일 것이다.

그러나 상황은 더 복잡하다. 이미 20세기 중반부터 '제3의 물결'이 나타나 '제2의 물결'을 위협하기 시작했고, '제2의 물결' 시기의 지배자로 군림하던 엘리트들의 기득권에 도전하기 시작한 것이다. '제2의 물결' 시기에 익숙한 규칙을 만들어 왔던 산업사회의 엘리트들은 '제3의 물결'의 도전에 직면하여 오래전 '제2의 물결'에 맞섰던 봉건귀족과 같은 길을 걷게 될 것이다. 일부는 낙오되어 권좌에서 사라져 갈 것이며, '제3의 물결'에 적응한 일부 엘리트만이 지도자로 남게 될 것이다. 관건은 여전히 진행 중인 것처럼 보이는 '제3의 물결'에 대해 얼마나 많은 정보와 이해를 얻을 수 있느냐가 될 것이다. 따라서 우리는 이제부터 '제3의 물결'의 특징에 대해 살펴볼 것이다.

4장
'제3의 물결'

    우리는 앞에서 '제2의 물결'의 특징과 그 등장으로 생겨난 변화들을 살펴보았다. 물론 토플러는 산업혁명이 왜 일어났는지, 그리고 '제2의 물결'이 왜 전 세계에 영향력을 행사할 수밖에 없었는지는 설명하지 않는다. 대신에 그는 '제2의 물결' 문명 형성에 필수적인 요인들을 다음과 같이 정리하고 있다. 생산자와 소비자 사이의 분열 확대, 그리고 자본주의와 사회주의 모두에 존재하는 시장과 같은 교환 조직망의 성장이 바로 그것이다. 이러한 요인들로 형성된 '제2의 물결' 사회는 경제적·심리적·사회적·정치적 변화를 초래했고, 그 결과 우리의 삶의 모습도 완전히 변모했다. 물질적인 풍요는 생활조건을 향상하는 데 크게 이바지했지만, 생산력 향상만을 고려한 산업 위주의 시각은 생태계를 파괴했고, 비약적인 인구증가와 과학기술을 중시하는 태도는 비인간적인 환경과 비인간적인 인간을 만들어 내는 부작용을 낳기도 했다. 이는 지금 우리 앞에 현실로 나타나고 있다. 사회복지제도, 우편제도, 학교제도, 의료보험제도, 도시체계, 국제금융제도 등 '제2의 물결'의 원리를 따르던 여러 제도가 모두 위기에 직면해 있다. '제2의 물결'의 가치체계 전반이 붕괴의 위험에 맞닥뜨리고 있는 듯하다. 과연 종말이 다가오고 있는 것일까?

이에 대해 토플러는 다른 진단과 다른 대안을 제시한다. 종말의 시기라기보다는 변화의 시기 또는 두 개의 물결이 충돌하는 시기가 바로 20세기의 중후반이며, 기존의 물결과 새로 나타난 물결, 즉 '제2의 물결'과 '제3의 물결'이 충돌하면서 마치 '제2의 물결'이 붕괴하는 듯한 모습이 우리 눈앞에 나타나고 있다는 것이다. 그렇다면 이제 이 두 물결 사이의 대결이 어떤 성격으로 설명될 수 있는지, 그리고 그 양상은 어떻게 나타나고 있는지를 살펴보기로 하자.

1. '제3의 물결'의 출현

앞서 3장에서는 '제2의 물결'의 특성과 원리들에 대해 살펴보았다. 산업혁명 이후 산업화와 함께 확립되고 전개되었던 '제2의 물결'의 원리들은 얼마나 오랫동안 유지되었을까? 토플러의 설명을 따르면, 그가 『제3의 물결』을 집필하던 1970-1980년대에 이미 이 원리들은 잘 지켜지지 않았던 것 같다. 그렇다면 우리 삶에 직접적인 영향력을 행사하던 '제2의 물결'의 여섯 가지 원리가 더 이상 유지될 수 없었던 까닭은 무엇일까? 이에 대해 토플러는 1950년대 이후로 우리 삶의 모습이나 성격이 조금씩 변화하기 시작했기 때문이라고 주장한다. 이 시기 이후 삶의 깊숙한 곳으로부터 무언가가 지속적으로 변화하였고, 그 결과 '제2의 물결' 시기의 원리가 영향력을 행사하기 힘든 상황들이 나타나게 되었다고 설명한다. 그리고 토플러는 새로이 등장한 변화의 흐름을 '제3의 물결'이라 부른다. 그렇다면 지금부터는 토플러가 명명한 '제3의 물결'에 대해 알아보도록 하자.

토플러는 '제2의 물결'이 상징적으로 종말을 고하게 된 원인이 화석연료를 둘러싼 문제 때문이라고 주장한다. 1973년 제4차 중동전쟁의 발발과 함께 석유수출국기구 OPEC, Organization of the Petroleum Exporting Countries가 전 세계에 대한 원유공급을 억제하겠다는 뜻을 드러냄으로써 '제2의 물결' 경제는 엄청난 타격을 받게 되었다. OPEC이 석유를 볼모로 산업사회 전반에 압박을 가하는 일이 발생하자, '제2의 물결'은 화석연료를 대신할 대체연료로 눈을 돌리게 되었다. 토플러는 바로 이것이 '제2의 물결'의 붕괴를 가져오게 된 직접적인 원인 가운데 하나라고 설명한다. 그는 인류 역사를 살펴보면 모든 문명이 제 나름대로 특징적인 영역을 갖는다고 말한다. 그 영역은 크게 세 가지로 나뉘는데 첫째, 문명을 지탱하는 데 가장 중요한 에너지를 다루는 기술영역, 둘째, 여러 사회제도로 이루어진 사회영역, 마지막으로 셋째, 정보를 유통하고 커뮤니케이션을 다루는 정보영역이다. '제2의 물결'로부터 '제3의 물결'로의 이행은 이들 기술·사회·정보영역이 총체적으로 변하는 것을 의미한다. 이제 '제3의 물결'에서 '제2의 물결'과는 다른 어떤 변화가 나타나는지 살펴보기로 하자.

2. '제3의 물결'의 특징

1) 기술영역에서의 변화: 새로운 에너지 체제의 성립

'제2의 물결'과 '제3의 물결'을 비교해 볼 때, 가장 두드러진 변화는 기술영역에서 나타난다. OPEC이 석유공급을 빌미로 세계경제를 위협하는 것과는 별개로, 우리는 '제2의 물결'의 주된 에너지원이었던 석유, 천연가스, 석탄 등의 화석연료가 고갈되고 있다는 사실을 이미 알고 있다. 고갈 위기에 놓인 화석연료를 대체하기 위해 개발된 원자력기술도 이미 많은 문제를 갖고 있다. 원자로에 사용되는 우라늄이 한정된 자원이라는 점을 제외하더라도 원자력발전소의 안정성에 관한 문제나 핵연료 폐기물의 문제는 이 기술의 또다른 문제점인 고비용과 함께 골칫거리로 여겨지고 있다. 원자력기술은 핵전쟁에 활용될 수 있다는 점에서도 문제가 있다.

결국 '제2의 물결' 시기 동안 주된 에너지원으로 활용되었던 것들이 여러 가지 문제에 직면하게 된 것이다. 에너지원과 관련된 문제를 고려한다면 우리는 이제 에너지를 사용하지 않는 삶을 영위해야만 할 것인가? 선사시대나 중세시대의 사람들과 같은 삶을 영위해야만 할까? 토플러에게 이러한 것은 대안이 될 수 없다. 이러한 제안은 문제의 핵심을 제대로 파악하지 못한 것이기 때문이다. 토플러에게 문제의 핵심은 에너지원이 고갈되어 가는 사태, 즉 에너지의 양이 아니라 에너지 체제의 구조와 관련된 문제이다.

에너지원의 고갈이라는 문제에 직면하여 많은 사람이 새로운 에너지원을 발견하기 위한 연구에 매진했다. 그 결과 태양광 에너지, 풍력 에너지, 조력 에너지, 지열 에너지, 수소연료에 이르기까지 수많은 결과물이 쏟아졌고, 그 결과물을 상용화하거나 그 결과물의 안정성과 상업성을 높이는 방향 또한 연구되고 있다. 그뿐 아니라 '제3의 물결'에는 유전학이나 전자공학 또는 첨단 소재 과학 등 과학기술에 기반을 둔 다양한 영역에서 많은 연구가 이루어졌다. 이러한 연구의 결과들은 우리 삶에서 실질적인 변화를 끌어냈다. 실제로 대기업에서는 생물학 분야의 새로운 연구 성과를 상업적으로 응용하기 위해 여러 방면으로 노력하고 있다. 예를 들어 박테리아를 이용하여 태양광선을 전기 화학 에너지로 바꾸기 위한 시도를 한다거나 유전공학을 활용하여 생산성이 높은 작물이나 병해충에 강한 작물을 만들어 내는 연구 등이 이에 해당한다. 이러한 시도는 생물학에만 그치지 않고 우주를 다루는 천문학과 깊은 바다를 연구하는 해양학 등의 연구에도 큰 발전을 가져왔다.

그러나 기술의 발전에 대해 반발하는 사람들도 존재한다. 이들에게 기술이 초래할 수 있는 재해란, 간과할 수 없는 커다란 문제로 받아들여진다. 만약 유전자 연구실에서 실험 중인 세균이 유출되거나 건설 중인 원자로가 폭발하는 경우에 발생할 피해는 우리의 상상을 넘어설 수도 있다. 그러한 경우 끔찍한 사태를 불러일으킨 과학자는 아마도 '모든 악의 근원'으로 여겨져 마녀사냥의 대상이 될지도 모른다.

매우 반동적으로 보이기까지 하는, 과학기술에 반대하는 이러한 움직임은 사실 '제3의 물결'에서 중요한 부분을 차지한다. 일어날 수 있는 문제에 대해 미리 생각하고 이에 관한 법안을 요구하거나 대안을 요구하는 움직임은 오늘날 우리 주변에서 환경운동이라는 이름으로 불리며 매우 중요하게 다루어지는 사안이다. 토플러는 이처럼 기술에 반대하는 견해를 가진 사람들을 '기술 반역자들'이라고 부르는데, '기술 반역자들'이 '제3의 물결'에서 중요한 이유는 다음과 같다. '기술 반역자들'의 견해에 비추어 보자면, 기술의 진보가 이미 너무 많은 방향으로 확산하여 진행되었기에 이 모든 개발을 실용화하기보다는 장기적으로 사회와 환경에 이바지할 수 있는 기술들을 가려내는 방식으로 더욱 신중히 채택해야 한다는 것이다. 말하자면 사회 혹은 사회의 구성원들이 기술혁신의 방향을 관리해야 한다는 것이 그들의 주장이다.

이처럼 '제3의 물결'에는 기술혁신을 열렬히 옹호하거나 반대하는, 두 개의 상반된 입장이 공존하고 있다. 그러나 격렬한 기세로 진보하는 기술을 좀 더 인간화하려는 '기술 반역자들'의 주장은 생산성은 높이되 생태계에 미치게 될 악영향은 최소화하는 방향으로 기술발전을 이끌고 나아갈 것이다. 따라서 토플러는 '제3의 물결'에서 기술의 발전이 가능한 한 에너지를 적게 소비하는 쪽으로 전개될 것이라고 예견하고 있다. 에너지의 효율성이 높아지면 자원을 개발한다는 명목으로 생태계를 파괴하는 일이 크게 줄어들 것이기 때문이다. 또한 어떤 분야의 산업 폐기물이 다른 산업의 주원료로 재이용되도록 산업이 설계될 것이기에 생태계에 미치는 해가 제거되거나 적어도 그것이 최소한으로 억제될 것이라고 주장한다.

2) 정보영역에서의 변화: 새로운 매체와 컴퓨터의 등장

앞에서 살펴본 기술영역에서의 변화는 '제3의 물결'에 대한 광대한 전망의 일부일 뿐이다. 기술영역에서의 변화는 정보영역에서의 변화와 맞닿아 있다. 이는 '제3의 물결'에서 급성장하는 가장 중요한 산업이 정보산업이라는 점을 생각해 보면 명백하다. 정보산업은 대중매체(매스미디어mass media)와 관련지어 살펴보면 비교적 쉽게 이해할 수 있을 것이다. 우선 대중매체가 출현하기 이전인 '제1의 물결' 시기의 아이들은 변화가 매우 느린 마을에서 성장하면서 교사, 목사, 촌장, 특히 가족과 같은 정보원이 전해 주는 이미지에 의존하여 그에 대응하는 현실의 모형을 머릿속에 그리게 된다. 이 시기 사람들은 마을 외부를 실제로 경험하는

일이 극히 적었기에 마을의 아이들이 품는 세계관은 극히
좁았을 터였다.

이에 비해 '제2의 물결' 시기의 상황은 크게 달라진다. 대량으로 발행하는 일간지, 잡지, 라디오, 곧이어 텔레비전을 통해 생산되는 수많은 이미지는 표준화된 유사 이미지들을 쏟아 내면서 서로서로를 보완 또는 보강했다. 그 결과 대중매체는 지역, 부족, 민족, 언어의 경계를 넘어 강력한 영향력을 행사하면서 사회의 구조를 더 공고하게 만들고 사회 구성원 각자에게 표준화된 이미지를 심어 주기에 이른다. 토플러가 예로 드는 대표적인 대중 이미지들은 다음과 같다. 중산모에 지팡이를 든 찰리 채플린, 뉘른베르크에서 열광하는 히틀러, 부헨발트 강제 수용소Buchenwald Concentration Camp에 장작처럼 쌓여 있는 시체, 처칠의 V 사인, 검은 망토의 루스벨트, 바람에 팔락이는 메릴린 먼로Marilyn Monroe의 스커트 자락, 그 외의 수많은 스타의 이미지, 세계적으로 알려진 수많은 상품, 예를 들어 코카콜라, 맥도날드 등. 이상과 같은 이미지들이 '제2의 물결' 시기에 세계적으로 널리 알려진 대중적 이미지의 전형이 되었다. 토플러는 대중매

체에 의해 대중에게 각인된 이러한 이미지들이 사회 구성원들을 산업사회가 요구하는 표준화된 행동으로 내모는 데 강력한 힘을 발휘했다고 주장한다.

그러나 '제3의 물결' 시기에 접어들자 전형화되고 오래 지속하는 이미지보다 일회적인 이미지들에 대한 호응이 높아지면서 이미지의 유형이 바뀌게 되었고, 정보영역의 변화 또한 시급한 문제로 대두하게 되었다. 사실 토플러는 '제2의 물결'에서는 대중매체가 사람들의 문화적 다양성을 충족해 주기에는 부족함이 많았기 때문에 '제3의 물결'에서는 반드시 대중매체의 재편성이 필요하게 될 것이라고 말한 바 있다. '제3의 물결'에서는 사람들이 소수의 대중매체에 지배당하던 과거의 상황에서 벗어나기를 원해 상호작용이 가능하며 탈표준화된 매체를 선호할 것이기 때문이라는 것이다. 따라서 토플러는 '제3의 물결' 시기에 매체는 더욱 다양하고 개성적인 정보를 제공할 것이며, 이를 통해 더욱 다양한 정보의 유통이 가능해질 것이라고 주장했는데, 이러한 미디어를 가리켜 '탈대중화 매체'라 불렀다.

'제2의 물결' 시기 동안 막강한 영향력을 행사했던 일간지와 잡지 등의 출판 인쇄물은 점점 발행부수를 줄이고 있으며 영향력을 잃어 가는 중이다. 급격하게 증가한 라디오 방송국은 이제 전문화된 청취자 그룹을 대상으로 특화된 방송을 하게 되었고, 유선 텔레비전 방송사의 확대 또한 일반 시청자를 탈대중화하여 대중을 다수의 소규모 집단으로 나누고 있다. 물론 이러한 흐름은 대중매체영역의 기술적 진보에 기대고 있는 것이기는 하지만, 불특정 다수의 텔레비전 시청자들을 세분화하고 문화의 다양성을 추진한다는 공통점을 지니고 있다. 특히 다양한 전문 채널의 등장은 '제2의 물결' 시기 동안 우리를 지배하여 표준화된 이미지를 추구하도록 했던 거대 TV 방송 네트워크에 심각한 타격을 입혔다. 그럼으로써 표준화된 이미지 구축의 선봉에 섰던 대중매체시스템에 도전하고 있다. 이처럼 '제3의 물결'은 진정한 의미에서 탈대중화 매체시대를 열어 가고 있으며, 이를 통해 우리는 새로운 정보영역이 언제나 새로운 기술과 함께한다는 사실을 다시 한번 확인할 수 있게 되었다.

그리고 새로운 기술을 받아들인 정보혁신은 우리의 인식능력에도 커다란 변화를 가져오게 된다. 유기적이고 종합적이던 정보망이나 이미지들은 단편적이고 일시적인 이미지로 대체되었다. 30초 상업 광고, 90초 뉴스, 풍자만화, 짤막한 시사해설, 컴퓨터가 전해 주는 순간적인 정보 등 '제3의 물결' 사람들이 즐기는 이미지나 정보들은 '제2의 물결' 사람들의 눈에는 너무나 단편적이고 순간적일 뿐 아니라 기존의 규격화된 개념 범주에 속하지 않는 것들이다. 우리에게 주어진 개념 범주에 속하지 않는 새로운 이미지와 정보들로 인해 수신자는 순간적으로 명멸하는 영상자료들을 능동적으로 종합하고 해석하도록 내몰리게 된다. 따라서 수용자는 창조성을 발휘하여 스스로 의미를 도출하게 된다.

표준화되어 획일적인 사고를 하도록 만들어졌던 '제2의 물결' 사람들에게는 이렇게 능동적이고 창조적인 부분이 당황스럽고 어려운 지점이었을 터이다. 획일적이었던 문명이 획일성을 벗어나 기술이나 에너지의 형태가 다양화되는 사회 내에서는 정보의 양 또한 달라질 수밖에 없다. 획일적인 문명을 가진 사회의 구성원에게 필요한 정보량이 그다지 많지 않았던 것과 달리, 다양성과 개성이 존중받는 사회에서는 그 사회의 일원으로 살아가기 위해 노력하는 사람들에게 더 많은 양의 정보가 필요할 것이기 때문이다. 이렇게 대량의 정보와 정보교환의 신속화에 대한 요구는 정보체계의 변화로 이어진다.

이상에서 설명한 것처럼 대량의 정보와 신속한 정보교환을 원하는 사람들의 욕구를 충족하는 데 가장 중요한 역할을 한 것이 바로 컴퓨터이다. 컴퓨터의 등장은 사람들의 생각과 일상생활을 혁명적으로 바꾸었다고 할 수 있다. 사실 '제3의 물결'이 미국에 모습을 드러냈던 1955-1965년 사이 미국의 산업계에서 서서히 컴퓨터가 사용되기 시작했다. 용량이 그리 크지 않았던 초기 컴퓨터는 단순한 경리업무에 사용되었다가 이내 엄청난 용량과 함께 많은 정보처리를 담당하는 최고급 대형 컴퓨터로 진화했다. 예를 들어 컴퓨터는 기업의 본사 지하실에서 우수한 전문 기술자에 의해 다루어지는 '중앙집권화된 거인'의 모습이었다.

그러던 것이 1970년대 이후 소형 컴퓨터의 보급과 함께 누구나, 어디에서나 사용할 수 있는 간편한 기계가 되었고, 이러한 컴퓨터의 등장은 사람들의 삶의 모습을 완전히 바꾸어 놓게 되었다. 우선 다양한 네트워크에 연결된 컴퓨터를 통해 사람들은 지구 반대편에 있는 다른 사람들과 실시간으로 연락할 수 있게 되었을 뿐 아니라 손쉬운 정보 검색을 통해 지적 생활 또한 향상되었다. 컴퓨터와 함께 나날이 발전하는 마이크로프로세서나 마이크로칩은 인간들의 일상에 도움을 주는 사물에도 활용될 수 있다. 물론 지금 우리는 인간보다 더 뛰어난 지능을 가진 컴퓨터의 등장을 걱정해야 하는 상황에 놓였지만, 20세기 후반 컴퓨터가 정보 영역과 커뮤니케이션 방식을 근본적으로 변화시켰고, 그 결과 '제3의 물결'이라는 새로운 문명의 시기를 앞당겼다는 점은 명백하다. 그렇다면 지금부터는 컴퓨터의 등장이 가져온 삶의 변화에 대해 살펴보기로 하자.

'제2의 물결' 시기는 산업화의 시기이므로 사람이 아니라 공장의 기계들이 서로 연결되어 작동하는 방식을 따랐다. 그래서 공장의 조립라인에서 일하는 노동자들은 언제나 기계의 작동에 맞춰 일해야만 했다. 분업화되어 진행되는 전체 공정 중 하나의 공정에만 문제가 생기더라도 나머지 공정은 중단되어야 했기 때문에 노동자들의 생활은 공장의 생산시간, 즉 조립라인의 가동시간에 얽매일 수밖에 없었다. 하지만 컴퓨터의 기능이 나날이 향상되어 공장의 생산설비가 자동화되자 사람들은 조립라인이나 공장의 기계로부터 자유로워졌고, 일하는 시간도 상대적으로 자유로워지게 되었다. 사무직 또한 마찬가지였는데 컴퓨터를 사용해서 어느 때이건 편리한 시간에 일할 수 있게 되었다. 결국 '제2의 물결' 시기 노동의 상징으로 여겨지던 '9시부터 6시까지의 노동'이라는 시간엄수 규칙은 낡은 시대의 가치가 되어 버리고 말았다. 기계와 노동시간으로부터 상대적으로 자유로워진 노동 문화는 조직의 변화도 불러왔다.

'제2의 물결' 시기의 조직은 안정된 산업화 환경 속에서 반복적인 결정을 할 수 있도록 위계적인 상명하달上命下達식 구조로 만들어졌다. 이와 다르게 '제3의 물결' 시기의 조직은 상황에 따라 유연하게 변할 수 있는 가변적인 구조를 갖고, 상황에 재빨리 적응하기 위해 소규모 단위로 이루어지는 특징을 지닌다. 이처럼 '제3의 물결'과 함께 우리 삶의 방식은 많이 달라지는데, 먼저 출퇴근시간이 일정하지 않은 시간제노동자가 많아지는 것, 빠른 속도의 통신망을 이용한 재택근무의 등장 등이 여기에 해당할 것이다.

3) 사회영역에서의 변화: 생산소비자의 등장

기술영역과 정보영역에서 일어난 변화는 곧 제품의 생산방법도 변화시킨다. '제2의 물결' 시기 동안 일반화되었던 대량생산체제는 '제3의 물결' 시기에 이르러 특정한 프린트를 넣은 티셔츠의 예처럼 소량생산체제로 전환되기도 하고, 자동차의 예처럼 부분적 주문생산체제로 전환되기도 한다. 특히 오늘날 우리 삶의 모습을 살펴보면, 이미 대량생산과 소량생산의 중간단계를 넘어 개별적인 주문에 맞춘 주문생산의 방식이 일반화되었다. 이러한 점을 살펴보면 '제2의 물결'과 '제3의 물결' 간 생산방식의 차이를 잘 알 수 있다. 이를테면 '제2의 물결'에 속하는 제조업의 본질이 수백만 개의 표준화된 제품의 장기적 생산에 있었던 데 반해, '제3의 물결' 산업의 본질은 단기 가동으로 그 일부 또는 전부를 주문에 의해 생산하는 데 그 차이가 있다.

'제3의 물결' 시기의 생산방식에 나타나는 두드러진 점은 바로 '생산소비자Prosumer'의 출현이다. '생산소비자'란 자기 스스로 소비하기 위해 생산하는 사람을 말하는데, 실제로 '제3의 물결' 시기에 '생산소비자'가 늘어나고 있다. 엄밀히 따지자면 '제2의 물결' 시기에도 '생산소비자'는 존재했다. 그것은 바로 가사노동을 담당하는 이들이었다. 가사노동을 담당하는 사람들을 우리는 흔히 가정주부로 상정하는데, 가정주부의 주된 업무인 가사노동은 바로 자신과 가족이 소비하기 위한 것들을 생산하는 '노동'이었다. 그러나 표준화된 제품을 장기적으로 대량생산하는 것을 목표로 했던 '제2의 물결'은 가사노동을 노동으로 여기지 않았고, 결국 가사노동은 잉여가치를 낳지 않는 일, 따라서 노동이 아니라는 의미에서 '집안일'이라는 이름으로 폄하되었다. 하지만 다음을 상상해 보자. 세탁, 청소, 조리 등이 해결되지 않는다면 남성들은 어떻게 공장에서 일할 수 있었을까? 여성이 육아를 담당하지 않았다면, 다음 세대에는 누가 임금노동자가 될 수 있을 것인가? 이처럼 생산과 소비의 경계가 불분명한 일을 담당하는 이들이 바로 '생산소비자'들인데, 이러한 '생산소비자'들이 등장하고 그들의 중요성이 점점 커지게 되는 시기가 바로 '제3의 물결'이다.

그렇다면 '제3의 물결' 시기의 '생산소비자'는 어떤 활동을 할까? 우선 자조운동self-help movement을 예로 들 수 있다. 돈을 내고 전문가의 도움을 받는 대신 곤경에 처한 사람들이 모여 서로의 경험을 나누는 활동이 이에 해당한다. 또 고객에게 일을 분담시키고 점원의 인건비를 되돌려 주는 제도인 셀프서비스도 있다. 조립되지 않은 상태의 제품을 구매해 소비자가 직접 조립하는 손수 만들기DIY도 여기에 해당한다. 토플러는 여기서 더 나아가 소비자가 직접 생산에 참여할 수 있는 날이 오게 될 것이라 주장한다. 컴퓨터나 전화로 자신이 원하는 제품 명세를 전달할 뿐 아니라 생산공정 프로그램에 직접 참여하는 상황이 도래한다는 것이다. 이렇게 된다면 우리는 똑같은 물건들을 소비하는 대신 창의력을 발휘할 수 있는, 더욱 다양한 삶의 모습을 갖게 될 것이다. 그리고 그 결과 우리의 생활은 시장에 훨씬 덜 의존하게 될 것이라는 점이 토플러의 생각이다.

4) 새로운 규범의 등장: 이분법적 가치체계의 붕괴

그런데 토플러는 교환용 물품을 생산하던 '제2의 물결'

구조에서 소비용 물품을 생산하는 '제3의 물결' 구조로 전환될 때 우리의 가치관도 함께 변화한다고 주장한다. 그는 조직적이고 위계적인 분위기 속에서 경직되었던 '제2의 물결' 사회에 비해 느슨해진 '제3의 물결' 체계 속에서 젊은 이들은 권위를 중시하는 분위기에 ―그들의 부모가 젊은 날 그러했던 것보다 더욱더― 의문을 제기하게 될 것이라고 설명한다. '제3의 물결' 사회의 젊은이들은 과거와는 다른 인간의 모습으로 성장해 가고 다른 삶을 영위할 것이기 때문이다. 사실 '제2의 물결' 시기의 인간들은 당장 자신에게 필요한 물건을 스스로 생산하는 것보다는 필요한 물건을 살 수 있는 돈을 버는 방법, 즉 공장이나 회사에서 일하는 것을 선호했다. 요컨대 육체노동보다 정신노동을 더 가치 있는 것으로 여겼던 것이다. 그러나 이와는 달리 '제3의 물결' 사회에서는 생산소비를 추구하는 이들이 나타나 시간을 쪼개 일부 시간은 사무직노동자로 일하면서 정신노동에 종사하는 한편, 나머지 시간은 자신에게 필요한 것을 직접 만들면서 육체노동을 하는 삶의 모습을 가치 있는 것으로 여기게 된다.

토플러는 정신노동을 추상적이고 고급스러운 일로, 육체노동을 구체적이고 저급한 일로 나누었던 과거의 가치관을 따르지 않는 생산소비자들은 추상성과 구체성을 겸비한, 더 균형 잡힌 인격을 갖게 된다고 설명한다. 우리는 정신노동과 육체노동을 분리하고 두 가치를 서로 반대되는 것으로 설정한 다음, 그것을 서열화하는 가치체계가 '제2의 물결'을 지배했다는 사실을 알고 있다. 하지만 전형적인 이분법적 가치체계가 무너지게 되는 '제3의 물결' 시대에는 반대되는 둘 사이의 균형이 더 중요한 가치로 부각된다. 요컨대 '제3의 물결' 시기에는 생산과 소비의 분리와 정신노동과 육체노동의 분리가 없어지면서 인간이 더 완전하게 될수 있다는 것이 토플러의 생각이다. 그의 논의를 따르자면 '제3의 물결' 시기의 문명은 '제2의 물결' 시기의 문명에 비해 더욱 인간적인 문명이 될 것이다.

또한 '제3의 물결' 사회에서는 남성과 여성을 규정하던 이분법적 가치체계도 변화를 맞이하게 된다. 산업화 과정을 통해 상호의존성이 높은 사회생활을 하는 남성에게는 객관성을, 반대로 가사노동에 전념했던 여성에게는 주관성을 강조했던 '제2의 물결' 사회의 특징이 크게 변화한다는 것이다. '제3의 물결' 시기가 되어 여성들의 사회참여가 점차 늘어나게 되었고, 이러한 상황에 맞추어 여성도 '남성처럼 사고'하도록 훈련받는 일이 권장되거나 일반화되었다. 마찬가지로 집에서 가사를 분담하는 남성들이 늘어남에 따라 소위 '주관화'되는 남성의 수도 늘고 있다. 그리하여 '제3의 물결' 세계는 '남성적'이거나 '여성적'인 태도를 구분하기보다는 오히려 남성성과 여성성을 조화시켜 세상을 보는 능력을 갖춘 사람들을 더 필요로 하는 경향이 있다. 굳이 '제2의 물결'에서나 쓸 법한 표현을 쓰자면, '남성 같은 여성'(객관적 주관주의자)과 '여성 같은 남성'(주관적 객관주의자)처럼 더 조화로운 인간상을 중시하는 세계가 바로 '제3의 물결' 시기의 사회라는 것이다.

생산소비자의 출현으로 생산과 소비를 분리했던 '제2의 물결'의 경제구조가 변하고 정신노동과 육체노동, 그리고 남성과 여성을 이분법적으로 바라보았던 '제2의 물결'의 가치관이 변하게 되면 세상은 어떻게 될까? 이에 대해서는 다음 장에서 살펴보도록 하자.

5장
21세기 문명의 모습

   '제2의 물결'과 '제3의 물결'이 겨루는 혼돈의 시기를 거쳐 이제 '제3의 물결' 문명의 모습이 분명해지고 있다. 앞으로 우리가 살아가야 할 세상은 어떤 모습일까? 사실 오늘날 사회는 급속도로 변화하고 있고, 그 사회의 구성원으로 살아가야 하는 우리는 혼란스럽기 마련이다. 우리가 혼란스러울 수밖에 없는 까닭은 아마도 미래의 사회가 어떤 모습일지 지금은 알 수 없기 때문일 것이다. 그래서 미래사회의 모습을 예측하고 우리에게 알려 주기 위해 노력하는 토플러와 그의 이론은 21세기를 살아가는 우리에게 커다란 도움이 될 것이다.

앞서 언급했듯이 토플러는 고 김대중 전 대통령이 집권하던 당시 국정자문을 부탁했을 만큼 명망 있는 미래학자이다. 토플러는 2001년 한국 정부의 의뢰를 받아 만든 보고서 「21세기 한국 비전」에서 한국이 선택의 갈림길에 서있으며, 스스로 선택하지 못한다면 선택을 강요당할 것이라고 지적한 바 있다. 세계경제라는 거대한 정글에서 저임금을 기반으로 하여 생산에 매진하는 경제적 종속국으로남을 것인가, 아니면 산업의 체질을 개선하여 경쟁력을 갖춘 경제 선도국이 될 것인가에 대한 치열한 고민을 바탕으로 한국은 현명하고 빠른 선택을 해야만 한다고 주장했다.

당시 한국의 경제 상황은 매우 참담했다. 1997년 한국은 저임금을 기반으로 한 3차 산업 중심의 경제개발이 일정 궤도에 올라 거의 정점에 도달한 듯 보이던 순간에 갑자기 경제 붕괴의 나락으로 떨어졌다. 그 결과 보유한 외화가 부족하여 국제통화기금IMF으로부터 자금을 지원받는 등 가혹한 경제위기를 겪고 있었다. 토플러는 한국이 경제위기를 겪은 원인은 당시 상황에 대한 정확한 인식이 없었기 때문이라고 지적했다. '제2의 물결' 시기의 논리인 산업화 시대의 경제발전 모델을 받아들여 비약적인 발전을 거듭했던 1970-1980년대와는 달리, 21세기의 길목에서는 새로운 가치 창출양식이 등장해 있었기 때문이다. 따라서 토플러는 21세기에는 산업화를 위해 고안되었던 '제2의 물결' 식의 모델이 더 이상 들어맞지 않을 것이라고 지적하고 이에 대한 대안으로 혁신적인 지식기반경제를 만들어 나갈 것을 권고했다. 토플러는 특히 거품경제 붕괴로 인해 장기적인 경기침체에 빠져 있던 일본의 실수를 되풀이해서는 안 된다고 주장하면서 지속적인 혁신과 그에 대한 보상이 가능한 시스템을 갖출 것을 제안하였다. 또한 그는 미래의 전략산업으로 생명공학과 정보통신이라는 두 가지 산업을 발판 삼아, 이 두 산업을 서로 융합하여 발전시켜야 한다고 주장했다. 그 외에도 학교교육시스템을 더 유연하게 만들어 지식기반경제를 위한 인재를 지속해서 길러 낼 것을 주장하기도 했다.

토플러의 제안을 살펴보면 21세기에는 경제·문화·정치뿐 아니라 지식의 내용까지도 달라질 것이다. 하지만 토플러의 입장을 살펴보기에 앞서 우리는 다음과 같은 의문을 갖지 않을 수 없다. '미래에 대해 고민하고 의견을 내놓았던 것이 토플러뿐인 것일까? 다른 그 누구도 미래를 예측하려고 하지 않았던 것일까?' 사실 미래에 대한 이런저런 예측은 비단 토플러의 것만이 아니다. 하지만 정확한 이유와 근거가 없는 예측은 언제나 미신이 될 뿐이므로 미래에 대한 토플러의 입장처럼 인류문명의 역사를 관통하는 통찰과 그것을 뒷받침하는 분석이 있어야만 설득력이 있다. 이제부터는 과거와 현재에 대한 면밀한 분석을 바탕으로 미래에 대한 비전을 제시하는 토플러의 의견을 따라가 보기로 하자.

토플러는 '제3의 물결'을 '프랙토피아practopia'라 명명하고자 한다. 토플러의 설명을 따르면 새로이 시작되는 이 세계는 유토피아utopia가 아닐뿐더러 조지 오웰George Orwell(1903-1950)의 『1984』나 올더스 헉슬리Aldous Leonard Huxley(1894-1963)의 『멋진 신세계』에서 묘사되는, 집중화되고 관료화되고 표준화된 사회와도 거리가 멀다. '프랙토피아'는 유토피아와 달리 상상의 산물이 아니며, 조지 오웰이나 올더스 헉슬리의 소설에서 그려진 디스토피아distopia처럼 반민주적이거나 호전적인 사회도 아니다. '프랙토피아'라는 말로 그가 설명하고자 하는 바는 더 실용성을 강조하는, 완전히 새로운 가치와 질서를 가진 사회의 모습 내지는 특징이다.

1. 새로운 정신체계의 등장

이처럼 새로운 가치와 질서를 가진 사회, 다시 말해 새로운 문명이 등장하게 될 때, 우리는 이 문명에 어떻게 적응해야만 할까? '제2의 물결' 시대에는 핵가족제도, 사회가 개인에게 부과한 계획표, 분명한 역할분담, 상하관계가 명확한 상명하달식의 일 처리방식 등이 그 구성원에게 일정한 삶의 구조를 구축하는 역할을 했다. 그런데 '제2의 물결'이 정해 놓은 삶의 구조는 '제2의 물결'이 선택한 공업기술 일변도의 흐름 속에서 점차 인간 개개인을 소외시켰다. '제2의 물결'의 전개와 함께 학교나 회사에서는 타인과의 유대가 점점 표면적인 것에 그치게 되었고, 가정에서의 친밀감 또한 엄마, 아빠, 자녀 등의 주어진 역할 속에서 사라져 갔다. 그뿐 아니라 '제2의 물결'이 성숙함에 따라 산업화 초기에 획일화되었던 대중문화 또한 개성을 추구하는 새로운 문화로 변모해 가는데, 이러한 새로운 문화의 발현은 이를 쫓아가기 힘든 사람들에게 또 다른 소외감을 느끼게 했다.

명확한 삶의 구조를 가진 사회에서 살았던 사람이라면 누구나 사회가 부과하는 특정한 규칙만 지키며 성실히 살아가기만 하면 되는 것으로 생각했다. 그러나 새로운 문명을 맞닥뜨린 상황에서조차 여전히 정해진 삶의 구조를 따르기를 원하는 많은 사람은 과거의 삶의 방식을 벗어나 새로운 삶의 모습을 찾는 데 어려움을 겪는다. 새로운 문명 앞에서도 그들은 여전히 무언가 고정되고 실체적인 구조를 바라고 있다. 하지만 '제2의 물결'은 붕괴하였고, 사람들은 삶의 구조 자체를 상실하게 되었다. 아직 구체화하지 않은 '제3의 물결'은 많은 사람이 일상생활의 지침이 될 질서나 가치관의 부재를 경험하게 하였고, 그 결과 의지할 무엇인가를 찾아 헤매게 했다. 자신의 무력함을 뼈저리게 느끼게 된 인간들은 괴로워하면서 방향을 잃고 떠돌게 되는데, 이때 손쉽게 구원을 얻을 수 있게끔 하는 것이 바로 약물이나 신흥종교라고 토플러는 말한다.

실제로 '제2의 물결'의 말기에 가장 눈에 띄는 점이 바로 약물중독과 소위 사이비종교라 불리는 신흥종교의 발흥이다. 이 두 가지 문제는 대중매체를 통해 심심치 않게 접할 수 있는 일상의 문제가 된 지 이미 오래다. 그 결과 이 문제들은 영화나 드라마, 심지어 만화나 웹툰, 애니메이션의 주요 소재로 다루어지기도 한다. 토플러는 '제2의 물결'이 붕괴하기 시작하면서 이런 현상이 두드러진다고 지적한다. 약물중독이나 신흥종교 모두 개인의 소외나 고독의 문제로부터 생겨나지만, 토플러가 보기에 더 심각한 문제를 일으키는 것은 바로 신흥종교의 부흥이라는 현상이다. 예를 들어 문선명의 통일교회는 전 세계에 엄청난 수의 신도를 확보하였다. 이를 통해 통일교는 뉴욕에서 일간지를 발간하거나 버지니아주에서 생선 통조림 공장을 운영하는 등 몇몇 기업을 산하에 두고 막대한 자금을 동원하는 막강한 종교단체가 되었다. 통일교 외에도 전 세계에 수많은 신흥종교가 교세를 확장해 가고 있는데, 토플러는 이들이 어떻게 신도들에게 절대적인 헌신과 복종을 요구하게 되는지 구체적으로 분석하고 있다.

토플러에 따르면 신흥종교는 개인의 고독을 역으로 이용하는 전략을 취한다. 신흥종교는 삶을 지탱해 줄 틀을 상실한 채 의지할 만한 공동체나 신념체계를 찾아 헤매는 이들에게 먼저 우정의 손길을 뻗는 방식으로 다가선다는 것이다. 신흥종교들은 주로 신도들에게 공동체로 생활할 것을 요구하는데, 이때 신참자는 자신을 환대하는 공동체 내에서 우정을 느끼고 그 따스함 속에 안주하고자 한다. 이처럼 갑자기 인간적인 정에 이끌리게 된 신참자는 감격한 나머지 자발적으로 가족이나 친지들과 접촉을 끊고 모든 것을 교단에 바치기로 결의할 뿐 아니라 교단이 요구하는 모든 조건을 받아들이게 된다. 이처럼 신흥종교는 사람들이 간절히 원했던 새로운 삶의 구조를 제공하는 한편, 오랫동안 '제2의 물결'이 부과했던 '자신에게 주어진 역할'을 따르기만 하는 과정에서 스스로 판단하는 방법을 잊어버린 사람들에게 엄격한 규율을 만들어 그것을 지키도록 요구한다. 이 모든 과정을 통해 신흥종교는 흔들리는 이들에게 생활의 기반을 제공하고 사람들이 삶의 틀을 되찾았다고 느끼도록 한다.

그러나 토플러가 보기에 신흥종교는 바람직한 대안이 아니다. 왜냐하면 신흥종교는 약물중독만큼이나 누군가의 삶을 송두리째 망가뜨리기 때문이다. 우선 사상의 옳고 그름이나 그 사상이 현실에 부합하는지와 상관없이 단순히 삶의 구조를 제시하고 생활의 질서를 부여함으로써 사람들에게 헛된 의미를 추구하게 한다는 점이 신흥종교가 바람직하지 않은 첫 번째 지점이 된다. 다음으로 토플러는 신흥종교가 사람들에게 공동체의 일원이 된 것 같은 느낌을 주고 삶의 구조와 의미를 부여한다 하더라도, 이를 위해 개인이 치러야 할 대가가 너무 크다는 점을 두 번째 문제점으로 든다. 요컨대 신흥종교에 가입하는 신참자는 그것을 위해 가족이나 재산뿐 아니라 자기 자신을 완전히 희생해야 한다는 것이다.

'제3의 물결' 문명을 건전하고 민주적인 것으로 만들기 위해서는 새로운 에너지원의 개발이나 새로운 기술의 상용화 외에 인간의 정신적 삶을 제대로 영위하도록 하는 방편이 필요하다고 토플러는 주장한다. 이를 위해 공동체를 부활시키는 것과 같은 단순한 방식이 아닌, 삶의 구조를 새로

이 구축하고 각자가 삶의 의미를 찾을 수 있도록 하는 방법들을 고안하는 일이 매우 중요하다. 토플러는 그 방법으로서 다음의 두 가지를 제안한다.

첫째, 일상생활의 틀을 만들고 그것을 잘 이끌 수 있도록 도움을 주는 실천적인 인물의 등장이다. 토플러는 이러한 역할을 하는 인물을 '생활 조직 전문가life-organizer'라 명명한다. 이들의 역할은 정신분석학자의 그것과는 매우 다르다. 사실 오늘날처럼 급속히 전개되는 기술발전의 시대에는 모든 것이 너무 혼란스러운 나머지 자신의 생활을 스스로 조직하는 일이 점점 어려워지고 있다. 앞서 말한 것처럼 '제2의 물결'이 견지했던 보편적인 삶의 구조가 붕괴하고 생활방식이나 인생 설계, 교육의 문제 등 일상에서 삶을 둘러싼 선택의 문제가 넘쳐 나고 있기 때문이다. 이러한 상황에서 우리에게 현실적으로 도움이 되는 것은 취직 상담이나 친구 찾기 또는 계획적인 지출방법이나 식이요법 등이 될 것이다.

둘째, 준교단의 결성을 제안한다. 이는 종교단체와 같이 엄격하고 조직화한 통제와 개인이 누릴 수 있고 또 누려야

만 하는 자유 사이의 어디쯤에 위치하는 공동체를 제안하
는 것이다. 일상생활의 무질서에 고통받는 개개인들조차
도 아마 신흥종교가 요구하는 절대적인 복종에는 반발하
게 될 것이다. 따라서 토플러는 종교적 색채를 띠든 그렇지
않든 개인이 스스로의 요구에 알맞은 공동체들을 구성하
여 각 공동체의 취지에 맞는 질서와 통제하에서 한시적으
로 집단생활을 하는 방식을 제안한다. 토플러는 혹시라도
있을지 모를 여러 문제에 대비하기 위해 다음과 같은 조건
을 제시하기도 한다. 예를 들자면 준교단의 성격을 갖는 모
든 공동체의 설립을 허가제로 할 것을 제안한다. 그렇게 해
야만 공동체가 육체적으로나 정신적으로 구성원 개개인에
게 폭력을 행사하거나 횡령, 착취 등의 기타 부정을 저지르
지 않도록 감시할 수 있기 때문이다. 우리는 공동체에서 생
겨날 수 있는 많은 문제를 이미 신흥종교의 사례를 통해 무
수히 확인한 바 있다.

또한 준교단 방식의 공동체는 그 구성원에게 탈퇴의 자
유를 보장해야 한다. 우선 일정 기간 공동체생활을 하다가
다시 외부세계로 돌아가는 과정을 되풀이하는 동안 개개인

은 고도의 통제력을 갖는 조직의 요구와 더 넓은 사회가 보장하는 자유를 경험하게 될 것이다. 다음으로 이를 통해 개개인은 통제와 자유 사이에서 스스로 균형을 잡아 가는 성숙한 시민이 될 수 있다. 그렇다면 준교단 방식의 공동체에는 어떤 것이 있을까? 토플러는 지역사회를 위한 봉사단체를 하나의 사례로 든다. 가령 시 당국이나 학교 혹은 민간기업이 봉사단체를 조직하여 젊은이들을 모아 계약에 따라 규율이 엄격한 공동체생활을 시키면서 임금을 지급하는 방법이 있을 수 있다. 지역사회를 위한 봉사를 통해 젊은이들은 자신의 인생에서 많은 생각을 할 기회를 얻게 될 것이며, 이를 바탕으로 인생의 의미를 더 넓은 세계와 연결할 수도 있을 것이다.

토플러는 '제3의 물결' 문명을 만들어 나가는 것은 개인의 삶에 질서와 목적을 부여하는 것으로부터 시작한다고 주장한다. 삶의 의미와 삶의 구조 그리고 공동체는 밀접한 관계 속에서 서로 연관되어 있기 때문이다. 또한 토플러는 개인과 공동체의 건강한 관계 맺기가 바탕이 되었을 때 비로소 보람 있는 미래가 실현될 것이라고 말한다. 그런데 '제3의 물결' 문명을 건전하게 만들어 가기 위해서는 사회구조의 차원뿐 아니라 개인 차원의 노력 또한 필요하다. '제3의 물결'은 사회와 우리의 노력을 통해 구성되는 것이기도 하지만 '제3의 물결'이 우리 자신을 변화시키기도 하기 때문이다. 다음 절에서는 '제3의 물결'이 만들어 내는 새로운 정신영역, '미래의 인간형人間形'에 대해 알아보자.

2. 미래의 인간형

미래의 인간은 어떤 모습일까? 소위 새로운 인간에 대한 예측은 20세기 중반 히틀러의 나치가 제시했던 일종의 '슈퍼맨'이나 트로츠키의 공산주의가 언급했던 '사회주의적 인간'을 통해 이미 이루어진 바 있다. 이 인간형의 특징은 일반적으로 튼튼한 신체와 뛰어난 정신이 조화된 인간이라 말할 수 있다. 그렇다면 토플러가 설명하고자 하는 '미래의 인간형' 또한 '새로운 인간'에 대한 특정한 프로토타입 prototype을 제시하는 것일까? 아마도 그렇지 않을 것이다. 왜냐하면 토플러가 설명하기를, 현재 우리 삶의 모습은 급속한 탈대중화의 방향으로 치닫고 있으므로 특정한 프로토타입에 의거한 인간형은 다가올 사회에 부합하지 않기 때문이다. 하나의 특정한 이미지로 규정되거나 제시될 수 있는 인간형이 불가능해 보이는 '제3의 물결' 문명에서 우리는 과연 어떠한 인간의 모습을 생각해 볼 수 있을까? 우리는 지금부터 토플러가 제시하는 새로운 인간형, 즉 미래의 인간형에 대해 더 구체적으로 살펴볼 것이다.

토플러가 설명하고자 하는 미래의 인간형은 변화하는 사회 속에서 생활하는 사람의 인격, 다시 말해 사회적 성격에 관한 것이다. 사회적 성격에 관한 유용한 설명을 제시하는 정신분석학자 에리히 프롬Erich Pinchas Fromm(1900-1980)은 특정한 집단에 속하는 구성원들에게 공통으로 발견되는 성격구조가 있는데, 이러한 부분이 바로 사회적 성격에 해당한다고 설명한다. 사회적 성격에 의거하여 어떠한 결정을 내리거나 행위하게 되는 경우, 많은 사람은 그것이 자신의 의지에 의한 것이라 생각한다. 그뿐 아니라 프롬은 그들이 자신이 속해 있는 문화가 요구하는 여러 사항을 충실하게 이행하는 데에서 커다란 만족감을 느낀다고 주장한다. 그렇다면 사회의 조건이 변하면 사회적 성격도 변화하게 되는 것은 당연하지 않을까? 결국 토플러가 주장하는 미래의 인간형은 새로운 인간에 관한 것이라기보다는 새로운 사회적 성격에 관한 것이다. 새로운 특성을 가진 사회가 요구하는 사회적 성격의 탄생이야말로 '제3의 물결' 시기를 맞이하는 우리에게 토플러가 보여 주고자 하는 '미래의 인간형'의 참모습이다.

사회적 성격은 사회 구성원 개개인이 갖는 의욕과 외부로부터의 압력이 부여하는 긴장관계로부터 태어나는데, 일단 성격의 내용이 정해지면 그것은 그 사회의 경제적·사회적 발전에 커다란 영향을 미치게 된다. 예를 들어 '제2의 물결' 시기로 접어들면서 사회에는 새로이 부상한 지배계층, 즉 부르주아지의 윤리의식이던 프로테스탄트의 윤리가 널리 보급되기에 이르렀다. 이에 따라 '제2의 물결' 사회는 절약, 근면, 성실 등을 개개인이 추구해야 할 덕목으로 강조하였다. 이러한 덕목은 개개인의 활동에 끝없이 에너지를 공급함으로써 개개인의 이윤추구를 독려하는 동시에 사회 전체의 경제적 발전을 이끌었다.

개개인의 차원에서 보자면, 산업노동자의 출현은 그야말로 완전히 새로운 인간형의 탄생에 버금가는 것이었다. 농업에 종사하던 농민들은 경험에 의존하는 경향이 강했기 때문에 '제2의 물결'에 이르러 이전과는 완전히 다른 인간이 되어야만 했다. 그들이 산업노동자가 되어 기계를 작동시키기 위해서는 우선 스스로 생각할 줄 알고, 정보를 받아들이며, 권위를 인정할 수 있는 새로운 인간이 되어야만 했다. 특히 그들은 산업노동자가 되기 위해 필수적이었던 문해력 文解力을 얻기 위해 교육을 받아야만 했다. 또한 과거와 완전히 다른 생활을 할 수 있으며 또 해야만 한다는 사실을 받아들여야 했다. 그들은 새로운 사회적 가치, 즉 근면, 성실, 절약의 가치를 자신의 생활 속에서 실천함으로써 부를 얻기 위해 혼신의 힘을 다하였다. 이 과정에서 부를 추구하는 개인들은 새로운 사회적 가치관과 윤리의식을 만들어 냈다.

모든 이들이 돈을 벌기 위해 생산활동에 매진하였고, 그 결과 쌓게 된 부는 부러움의 대상이 되었다. 말하자면 근면, 성실, 절약의 결과가 곧 부로 연결되는 새로운 가치관이 사회 전반에 자리 잡게 되었던 것이다. 이를 통해 우리는 '제2의 물결'이 막 자리를 잡기 시작했던 당시 사회의 요구사항으로부터 새로운 사회적 성격이 어떻게 생겨나고 어떻게 영향력을 행사하게 되었는지 이해할 수 있을 것이다.

그런데 바로 이와 같은 정신·문화영역에서의 변화가 지금 우리 사회에서도 일어나고 있다. 『1984』와 『동물농장』에서 획일화된 사회와 인간이 모습을 그렸던 영국의 작가 조지 오웰 또한 미래의 사회적 성격에 대해 예견했다고 말할 수 있을 것이다. 그러나 토플러는 오늘날 현실 사회는 조지 오웰의 예견과는 완전히 다른 방향으로 움직이고 있다고 주장한다. 탈대중화라는 특징 때문에 나날이 개인적이고 개성화되는 우리 시대의 사회적 성격이 어떤 모습으로 나타날지를 객관적으로 서술하는 일은 매우 어려워졌다는 것이다. 따라서 토플러는 우리가 직면하게 될 사회적 성격을 자녀의 양육문제, 교육문제, 청소년 문제, 노동문제, 새로운 인간형의 모습 등 구체적인 영역으로 나누어 분석한다.

1) 자녀의 양육과 교육, 청소년 문제

이미 우리가 잘 알고 있는 것처럼 기술이 고도로 발달한 후기 산업사회에서는 공통적으로 인구의 노령화가 진행되고 있다. 이러한 상황을 반영하여 사회적인 배려는 점차 젊은이들에게서 노인들에게로 옮겨 가게 된다. 이와 함께 부모와 자녀 간의 관계도 조금씩 바뀌어 간다. 자식의 성공을 위해 모든 것을 감수하고 희생했던 '제2의 물결' 부모와 달리, '제3의 물결' 부모들은 자식을 위한 희생을 기꺼워하지 않는다. 교육을 통해 경제적·사회적 계급의 상승이 가능했던 '제2의 물결' 시기와는 다르게 현재 상황은 나날이 어려워지고 있다는 사실을 잘 알고 있는 '제3의 물결'의 부모들은 성공 여부가 불투명한 모험에 쉽게 뛰어들려 하지 않는다. 더군다나 부모들조차 감당할 수 없는 어려움을 자녀에게 헤쳐 나가도록 요구하기란 더욱 어려운 일이 되어 버렸다. 따라서 어려움이 많은 사회환경에 잘 대처할 수 있는 아이로 키우려는 부모의 배려 속에 '제3의 물결' 어린이들은 응석받이로 자라는 대신 더 체계적인 계획에 따라 엄격한 유년기를 보낼 수도 있다.

특히 한부모가정이나 재택근무를 하는 부모가 있는 가정에서 자라나게 될 아이들은 어려서부터 자연스럽게 가정의 일에 참여하고, 그 결과 어린 시절부터 책임을 떠맡는 법을 배우게 될 것이다. 이러한 아이들이 늘어나게 되면 교육 또한 자연스럽게 변화할 것이다. 학습활동은 교실이 아닌 밖에서 더 활발히 진행되고 의무교육 연한도 짧아질 것이다. 획일적인 연령별 학년 편성을 대신해 젊은이와 노인들이 한 교실에서 공부하게 될지도 모른다. 교육의 내용도 이론 중심에서 벗어나 교육과 노동이 밀접한 관계를 맺는 쪽으로 변하고, 사람들은 일생에 걸쳐 교육을 받을 것이다. 이러한 교육은 일부분 자신이 필요한 물품을 직접 생산하기 위한 목적과 관계될 것이다. 이처럼 학교라는 공간에 동년배의 청소년을 가두는 것에서 탈피한 교육이 자리 잡게 되면, 어린 시절부터 책임의식에 대해 배우고 책임지는 방법을 깨우친 청소년들은 이미 성인과 같은 청년으로 성장하여 남의 의견에 쉽게 휩쓸리지 않을 것이다. 더불어 지나친 소비나 향락으로부터도 스스로 거리를 둘 것이다.

2) 새로운 노동자

반복적인 작업의 성격과 분업화, 그로 인한 시간엄수가

노동의 특징이었던 '제2의 물결' 시기에는 순종적이고 시간을 잘 지키며 기계적인 반복작업을 잘 참아 내는 노동자가 이상적으로 여겨졌다. 이러한 노동자의 양산을 위해 사회(학교와 기업 포함)는 이러한 특성을 표창의 대상으로 삼았다. 실제로 우리가 흔히 접하는 상장이나 상패에 쓰인 표준화된 문구들을 살펴보면 사회가 원하는 이상적인 학생상像 또는 노동자상이 어떤 것인지 쉽게 알 수 있다. 그러나 '제3의 물결'로 진입하면서 이전의 단조로운 노동 대신 복합적이고 능동적인 업무를 수행하게 됨으로써 분업과 동시화라는 '제2의 물결' 시기의 특성을 벗어던졌다.

특히 자율근무제와 재택근무 등의 노동방식은 새로운 노동자상을 요구하게 했다. 말하자면 책임을 정확히 자각하는 능력, 자신의 일과 타인의 일 사이의 관계에 대해 이해하는 능력, 임기응변의 능력, 환경의 변화에 신속히 대응하는 능력, 주위 사람과의 조화와 화합을 이룰 수 있는 능력을 가진 노동자가 '제3의 물결' 시기에 고용주가 선호하는 노동자상이 된 것이다. 요컨대 일의 의미를 추구하고 권위에 맹종하지 않으며 자신의 판단에 따라 사회적으로 책임 있는 일을 추구하는 사람이야말로 '제3의 물결' 시기가 요구하는 전형적인 노동자가 된다. 그런데 이러한 능력을 갖춘 노동자들은 '제2의 물결' 시기 노동자들이 추구했던 금전적인 가치만을 추구하지 않는다. 오히려 이러한 태도를 경멸하기까지 하는 듯한 새로운 시대의 노동자들은 금전적인 보수 외에 자신이 수행하는 일의 의미를 추구하는 데에도 많은 관심을 보인다.

3) 생산소비자

'제2의 물결' 시기 동안 산업화의 가치관이 세상을 지배하면서 자본주의와 사회주의를 가리지 않고 영향력을 행사한 것이 바로 시장경제의 논리였다. 시장경제의 논리는 물질에 대한 욕망을 긍정했고 그것을 장려하기까지 했다. 사실상 시장경제에서 물질적 욕망과 그것의 충족은 부의 소유, 즉 개인의 성공을 의미하는 것이기 때문이다. 부를 획득하기 위해 개인은 이윤을 추구하는 데 전념해야 했고, 그것은 '팔기 위한 물건'의 생산량과 결부되어 있었다. 엄청난 양의 물건을 생산하고 시장에 팔아야만 많은 이윤을 남길 수 있었고, 이를 통해 축적된 부는 자신의 물질적 욕망을 충족시키는 도구가 되었다. "많이 가질수록 많은 것을 소비할 수 있다." 이것이 바로 시장경제의 논리이다. 따라서 시장경제의 가치관에서 인간은 무엇을 소유하고 있느냐에 따라 평가되며, 이것이 바로 '제2의 물결'을 지배했던 가치관이기도 하다. 그런데 이러한 가치관에 따르면 인간은 양면성을 띨 수밖에 없다. 더 많은 이윤을 남기기 위해 성실하고 근면하게 일하는 '생산자로서의 나'와 그 결과물인 부를 가지고 욕망을 충족시키기 위해 '쾌락을 좇는 나'의 모습이 이에 해당한다. 특히 물질적 욕망을 긍정하는 사회는 개인의 사회적 성공을 경제적인 의미로만 한정하게 하는 문제를 낳았다. 말하자면 부의 유무에 따라 성공의 여부가 가려지는 매우 편협한 논리가 사회를 지배하게 되었다. 부를 얻기 위해서라면 무엇이든 해도 되는 것일까? 이런 문제에 대한 근본적인 고민을 끌어냈던 시기가 '제2의 물결' 시기였다.

그런데 새로운 문명인 '제3의 물결'에서는 자급자족을 목적으로 하는 생산활동이 활발히 확산되고 있다. 처음에 취미활동으로 시작되었던 생산소비활동은 점차 커다란 경제적 의미를 지니게 되었다. 그것은 바로 무엇이든 할 수 있는 인간, 즉 만능인의 출현과 관계된다. 우리가 우리의 시간이나 에너지를 생산소비활동에 사용하면 할수록 우리는 다른 사람에게 의존하지 않고 자립하는 능력을 키울 수 있다. 예를 들어 울타리를 만들거나 요리를 할 때, 혹은 낡은 옷을 수선하면서 자기 자신의 손으로 무언가를 만드는 능력을 키워 가는 동안 우리는 어떤 일이라도 스스로 처리할 수 있다는 자신감을 함양할 수 있다. 이처럼 '제3의 물결' 시기에는 경제분야에서 교역을 목적으로 하는 생산활동과 자급자족을 목적으로 하는 생산활동 양자가 조화를 이루게 되어 이전 시기의 '팔기 위한 생산'에 매진하던 삶의 모습과는 큰 차이를 보인다.

또한 사무실에서 추상적인 업무에 매달려 있던 사무원이 틈틈이 가족농장을 통해 스스로 먹거리를 조달하기 위한 생산활동에 힘쓰며 구체적인 현실과 접촉하면서 추상성과 구체성의 조화를 경험할 수 있다. 이를 통해 더 균형 잡힌 삶을 영위할 수 있다. 그뿐 아니라 '제3의 물결'에서 재택근무나 시간제근무를 하는 남성들이 남은 시간을 가족을 위한 일이나 가사노동에 할애함으로써 '남성-객관적/여성-주관적'이라는 이분법에 의문을 가지게 될 것이다. 실제로 많은 여성이 시장경제의 일원으로 생산활동에 참여하면서 여성들도 점차 조직의 일원으로서 '객관성'을 요구받는 상황에 놓이게 되는 한편, 가정에 있는 시간이 늘어나 가사노동을 담당하는 남성들이 많아지면서 남성들 또한 자신의 기호에 더욱 충실한 '주관성'을 요구받고 있다. 이처럼 '제3의 물결' 시기의 사람들은 모두 하루의 일부를 대규모의 상호의존적인 조직에서 일하고, 나머지 시간을 자신이나 가족을 위한 생산소비활동에 할애함으로써 남녀 모두 객관성과 주관성을 균형 있게 갖춘 인물들로 변화하는 중이다. 결국 '제3의 물결' 시기에는 이전 시기에 '남성적 태도'와 '여성적 태도'로 불렸던 것들을 조화롭게 활용하는 능력을 지닌 사람들, 즉 '객관적 주관주의자'와 '주관적 객관주의자'를 중요시하게 된다.

4) '표준화된 나' vs '개성적인 나'

토플러는 의사소통과 인격의 관계가 따로 떼어 생각할

수 없을 정도로 복잡하게 얽혀 있다고 말한다. 마찬가지로 사회적 의사소통을 매개하는 미디어의 변화는 인간의 정신 구조를 바꾸어 놓는다. 요컨대 미디어의 혁명은 곧 인간 정신구조의 혁명을 의미한다. '제2의 물결' 시기 미디어는 메시지를 생산하여 송신하는 사람과 그것을 수신하여 소비하는 사람 사이의 일방적인 소통일 뿐이었다. 마치 노동이 생산자와 소비자로 구분되어 있었던 것과 마찬가지로 메시지 또한 일방적으로 유통되었다. 중앙집권화된 미디어, 예를 들어 정보를 독점한 소수의 사람이 만들어 내는 신문이나 잡지, 라디오와 텔레비전은 사회 구성원 전체가 언제나 단일한 의식을 갖도록 했다. 개인은 이들 미디어가 양산해 내는 소수의 모델과 자신을 늘 비교하고, 미디어에 의해 표준화된 생활방식에 따라 자신의 생활방식을 평가해야 했다. 그러다 보니 사회 구성원 각자가 선택할 수 있는 삶의 이미지는 매우 제한적이었다.

그러나 '제3의 물결' 시기로 접어들면서 미디어는 탈대중화하기 시작했고, 단일하거나 표준화된 삶의 이미지도 다양해지기 시작했다. 상호관계를 맺는 오늘날의 미디어는 과거 일방적인 메시지 송출방식에서 벗어나 송수신자 서로가 영향을 주고받는 형태로 발전해 가고 있다. 그 결과 오늘날 미디어가 제공하는 이미지는 완결된 이미지라기보다는 파편화되고 순간적인 이미지인 경우가 많다. 따라서 특정한 이미지를 받아들여 내 것으로 삼기만 하면 되었던 과거와 달리, 다양한 파편적 이미지들을 스스로 골라내 자신의 이미지를 만들어 가는 과정을 거쳐야 한다. 주어진 것을 받아들이는 것이 아니라 스스로 자신을 하나의 주체로 만들어 가는 것, 아마도 이는 매우 어려운 일일 것이다. 하나의 인격을 갖춘 인간이 되기 위해 노력을 기울이는 가운데 우리는 자신만의 개성에 대해 더 깊이 생각해 볼 것이다. 남과 다른 나만의 특성이 무엇인지 고민하고 나만의 개성을 추구하는 가운데 우리는 타인의 개성도 존중해야 한다는 사실을 깨닫고, 그 결과 사회 구성원 각각이 동등한 대우를 받기를 요구하게 된다.

그런데 토플러는 이러한 사고방식이 개성적인 노동자를 요구하는 새로운 생산방식과 동시에 나타났다고 지적한다. 기술혁명과 정보혁명 그리고 의사소통의 혁명이 우리의 정신구조를 바꾸어 놓는 결과를 가져오고 있다는 것이다. 이렇게 해서 '제3의 물결'에는 그에 알맞은 새로운 인격이 탄생하는데, 이 새로운 인격은 과거에 비해 훨씬 개성적이고 성숙할 뿐 아니라 강한 책임감을 지니게 될 것이다. 이렇게 자랄 청소년들은 권위에 무비판적으로 따르기보다는 이에 대해 항의하고 설명을 요구할 것이다. 따라서 '제3의 물결' 시대에 부모 세대와 청소년들이 충돌하는 것은 너무도 당연한 일이다. 또한 미래의 청소년들은 단순히 돈을 위해 일하는 세태를 비판적으로 바라보게 될 것이다. 그 결과 새로운 인격을 추구하는 청소년들은 자신들의 생활이 균형 잡히길 바랄 것이다. 예를 들자면 노동과 자유시간, 돈을 벌기 위한 생산활동과 자신을 위한 생산소비활동, 두뇌노동과 신체노동, 추상적인 것과 구체적인 것, 객관성과 주관성 사이에서 균형이 잘 잡힌 삶을 추구할 것이다. 이러한 인격을 가진 인간들이 만들어 낼 사회의 모습은 과연 어떨까? 이 문제를 다루기 위해서는 우선 미래의 인격과 조화를 이루게 될 미래의 정치에 대해 살펴보아야 한다.

3. 21세기 민주주의

토플러는 '제3의 물결' 문명에서 일어나는 에너지, 기술, 가정생활, 남녀의 역할분담, 통신망 이 모든 영역에서의 변화가 새로운 인격의 탄생뿐 아니라 폭발적인 정치혁명을 가져올 것이라고 주장한다. 산업시대로 진입했던 '제2의 물결' 시기에 봉건시대의 정치제도가 아무런 힘을 발휘할 수 없었던 것처럼, '제3의 물결'에도 완전히 새로운 정치제도나 수단이 필요하다는 것이다. 이제 우리는 토플러의 설명을 따라 이 문제에 대해 면밀히 살펴보자.

오늘날 전 세계의 행정부는 지금까지 경험해 보지 못했던 위기에 직면하여 문제를 해결하는 데 적절한 해법을 내놓지 못하거나 결정 시기를 놓쳐 버리는 무력감에 휩싸여 있다. 알맞은 시기에 정확한 정치적 결정을 내리는 일이 점점 힘들어지고 있다는 이야기이다. 이러한 사태는 이미 1960년대 미국에서 시작되어, 유럽과 일본에서도 빈번하게 나타난 바 있다. 소위 엘리트에게 정치적 결정권을 일임해 왔던 시민들의 분노는 점점 더 거세졌고, 사태를 예견하거나 통제함으로써 권력을 누려 왔던 엘리트들은 이제 권좌에서 밀려날 위기에 처했다. 하지만 토플러가 보기에 더 중요한 문제는 엘리트가 잃은 권력이 아니다. 토플러는 엘리트에게서 벗어난 권력이 사회의 다른 어떤 계층으로도 이동하지 않았고, 사실 권력이 누구에게 있는지조차 가늠할 수 없는 상황이 되었다는 점이 본질적인 문제라고 지적한다. 실세가 누구인지, 뒤에서 정부를 움직이고 있는 보이지 않는 손은 누구인지 명확히 알 수 없는 시대가 도래한 것이다. 이처럼 어수선한 상태에서 시민들은 정치에 점점 냉소적으로 되었고, 대의민주주의의 의미는 빛이 바래가고 있다. 이러한 상황을 가리켜 토플러는 '권력의 진공상태', 즉 사회의 '블랙홀'이라 부른다. 토플러가 보기에 이는 '제3의 물결'이 밀려오는 '제2의 물결' 나라들 여기저기에서 나타나는 일반적인 현상이다.

이러한 상황에 대처하려는 노력의 일환으로, 전 세계에서 권력의 진공상태를 벗어나기 위한 위험한 시나리오들이 나타나고 있다고 토플러는 지적한다. 우선 이야기해 볼 수 있는 것은 1970년대에 있었던 사설 군대의 문제이다. 나라의 질서를 바로잡겠다는 이름으로 영국과 이탈리아에서 퇴역 장군이나 파시스트들이 사설 군대를 조직하는 일이 일어났고, 서독에서는 테러리스트들에 맞서기 위해 사설 군대와 관련한 법안이 통과되기도 했다. 이러한 움직임은 군인이 권력을 장악하여 전체주의 또는 파시즘을 낳을 수 있다는 점에서 매우 위험하다. 권력의 진공상태에 맞서려는 또 다른 움직임으로는 '구세주 콤플렉스'가 있다. 이는 지도자를 바꾸면 어떻게든 살아남을 수 있다는 환상을 일컫는 말이다. 강력한 지도자를 원하는 이러한 입장의 이면에는 예측 불가능한 세계에 질서를 부여하고 그것을 조직화하며 미래를 예측하는 힘을 가진 뛰어난 누군가를 열망하는 염원이 자리하고 있다. 그러나 더 강한 리더십에 대한 요구는 전체주의와 권위적인 집단의 출현을 가져올 수 있다는 점에서 매우 위험하다. 또한 강력한 지도자를 중심으로 구성된 정치체계는 이미 과거에 통용되었던 형태이다. 하지만 이것이 미래에도 통용될 것이라는 믿음은 근거가 없다.

이미 우리가 사는 세상은 탈중앙집권적이며, 다양하고, 상호적인 의사소통을 중요시하는 모습으로 변해 가고 있다. 이 사회의 구성원은 이전에 비해 덜 표준화되어 있고 훨씬 더 개성적이다. 이러한 사회에서는 그 어떤 사람도 누구에게나 존경받을 수 없다. 따라서 토플러는 '제3의 물결'의 지도자가 좀 더 유연하고 복합적이며 어떤 상황에서도 합의를 끌어낼 수 있는 능력을 갖춰야 할 것이라고 주장한다. 토플러는 새로운 리더십을 제안하는 동시에 이미 손쓸 수 없게 경직된 현행의 정치제도도 손보아야 한다고 주장한다. 해체 수준의 개선이 필요한 정치제도 개혁에 있어 다음의 세 가지 원리를 이야기한다.

1) 소수세력

토플러에게 '제3의 물결' 정치체계를 지탱하는 첫 번째 원리는 바로 소수세력을 중시하는 것이다. 민주주의의 근간이 다수결의 원칙에 있다고 믿는 많은 사람에게 소수세력을 중시하라는 토플러의 주장은 일견 터무니없어 보일 것이다. 그러나 토플러는 다수결이란 '제2의 물결' 시기 정치의 기본원리일 뿐 오늘날에는 이미 시대에 뒤떨어진 것에 불과하다고 말한다. 산업화 시기를 넘어 탈대중화 시대로 들어선 상황에서 더 이상 단일한 목소리를 내는 대중이 존재하긴 어렵다. 가치관이나 입장에 따라 다양한 주장이 공존하는 우리 사회는 자신들의 목소리를 효과적으로 전달하기 위해 일시적인 형태로 존재하는 수많은 소수파가 난립하는 상황에 놓여 있다. 그 때문에 중요한 안건을 두고 이 입장들을 조율해 과반이 넘는 51%로 의견을 모으는 것이 거의 불가능한 사회가 도래한다는 것이다. 실제로 오늘날의 정치형태도 거대정당들을 중심으로 하던 과거의 정치형태에서 벗어나 소수정당을 결성하고, 매 안건마다 자신들의 요구사항을 고려하여 연대를 달리하는 쪽으로 변화해 가고 있다.

그러나 소수파들이 언제나 평화롭게 새로운 연대를 할 수 있는 것은 아니다. 이해관계에 따라 대립이나 반목, 더 나아가서는 불필요한 폭력을 유발할 수도 있다. 이를 방지하기 위해서는 새로운 제도가 필요하다. 각각의 소수파의 주장, 즉 다양성을 존중하는 입장에서 각자에게 정당한 자리를 제공하는 제도를 만들어 내는 것, 그리고 점점 세분화하는 소수파의 요구를 재빨리 반영할 수 있는 제도를 만드는 것이 소수세력을 고려하는 이 첫 번째 원리를 지켜 나갈 방법이다. 또 다음으로 고려해야 할 점은 현행 선거법을 재검토하는 일이다. 소수정당의 이익에 반하는 현행 선거법을 고쳐서 중선거구제나 대선거구제를 도입한다거나 비례대표제도를 활용하는 등 소수세력의 목소리에 귀를 기울이려는 노력을 멈추지 않아야 한다. 그래야만 나날이 복잡해지는 사회 속에서 다양한 방식의 협정이나 합의를 끌어낼 가능성이 커질 것이고, 그를 통해 불필요한 사회불안요소를 줄여 갈 수 있을 것이기 때문이다.

2) 반직접민주주의

미래의 정치를 위한 두 번째 원리로 토플러가 제시하는 것은 바로 반직접민주주의의 원리이다. 이것은 대표를 선출하여 간접적으로 정치에 참여하는 간접민주주의와 자신의 의사를 직접 전달하는 직접민주주의를 혼합한 형태로서 선출된 대표자에게 의존하는 대신 우리 스스로 대표가 될 것을 제안한다. 지나치게 전문화되고 복잡해진 사회에서 우리가 선출한 대표가 정치적 측면에서 우리에게 유리한 거래를 할 수 없다면, 선거구민인 우리가 스스로 우리를 위한 결정을 내리고 우리의 요구를 반영한 법률을 만들어 가야 한다는 뜻이다.

대의민주주의의 기초는 '제2의 물결' 시기 혁명가들에 의해 만들어졌다. 프랑스대혁명 이후 공화정의 이름으로 시행되었던 헌법에는 직접민주주의의 흔적들이 보이는데, 이 방식에는 두 가지 단점이 있었다. 우선 시민들의 일시적인 감정적 반응을 억제하기가 힘들다는 점, 그리고 당시의 기술력으로는 시민들의 직접적인 의사결정과정을 통제할 수 없다는 점이었다. 직접민주주의의 단점과 한계를 잘 알고 있었던 이들은 이러한 단점을 보완하기 위해 전문가 내지는 엘리트 지식인들이 시민들을 대표하여 그들의 이익을 대변하도록 하는 제도, 즉 대의민주주의제도를 만들었다. 그러나 현재 상황에서 우리의 대표들은 산적한 모든 문제를 감당할 만큼 전문적이지 않다. 그들은 문제를 이해하기 위해 엄청난 수의 전문가집단을 곁에 두고 자문을 얻어 의사결정에 임하는데, 이 과정에 소요되는 시간과 비용 또한 엄청나다. 이제 우리는 직접민주주의와 대의민주주의라는 두 제도의 문제점을 동시에 보완해야 하는 상황에 직면했다.

우선 직접민주주의에 제기된 두 가지 문제, 즉 일시적인 감정적 반응에 대한 억제와 시민들의 직접적인 의사결정과정에 대한 통제에 있어서 어떠한 어려움이 있는지 살펴보자. 오늘날 우리의 교육은 다양한 관점에서 객관적인 정보를 제공함으로써 시민들이 쉽게 사로잡힐 수 있는 감정적 반응에서 벗어나 객관적인 태도를 유지할 수 있도록 돕는다. 여기에 덧붙여, 눈부신 발전을 거듭하고 있는 커뮤니케이션 기술, 예를 들어 인터넷이나 스마트폰 등은 시민들이 정책 의사결정에 직접 참여할 수 있게끔 한다. 하지만 동시에 정부나 거대집단이 이를 통제할 가능성을 열어 놓았다. 그러나 직접민주주의와 간접민주주의라는 두 제도를 연계하는 방법에 대해 토플러는 아직 어떤 것이 옳다고 말할 수 있는 상황이 아니라고 말한다. 다만 미래의 정치를 위해 제시할 수 있는 원리 가운데 하나가 바로 이 두 제도를 연계한 제도로서의 반직접민주주의라는 것이다.

3) 결정권의 분산

지금까지 토플러가 제안한 두 개의 원리는 다음과 같다. 우선 정치체제를 더 많은 소수세력에 개방하고, 다음으로 시민 스스로가 통치에 더 직접적인 역할을 할 수 있도록 제도를 만드는 것이다. 이 두 가지 원리는 미래의 정치를 위해 필요한 일이지만, 사실 이 두 가지만으로 미래의 정치가 제 모습을 찾기에는 여전히 부족하다. 그래서 미래의 정치에 꼭 필요한 세 번째 원리는 바로 결정권을 분산하는 일이다. 이것은 결정권을 분산시켜 결정하기에 알맞은 장소로 그 권한을 이양시키는 것을 목표로 한다.

토플러는 앞서 알맞은 시기에 정확한 정치적 결정을 내리는 일이 점점 힘들어지고 있다고 지적한 바 있다. 다양한 내용의 다양한 문제들이 해법을 기다리고 있다. 어떤 문제는 지역 수준에서는 해결이 힘들 수 있고, 때에 따라서는 국가 수준에서조차 답을 찾기 힘든 것들도 있다. 심지어는 다양한 수준에서 동시에 조치를 취해야 하는 문제도 있으며, 시간에 따라 해결해야 할 문제의 내용이 달라지는 일도 있다. 그러나 이처럼 다양하고 변화무쌍한 문제를 처리하기 위한 결정권을 가진 기구는 언제나 정해져 있다. 문제는 바뀌어도 결정권자는 변함이 없다. 게다가 결정권자는 언제나 중앙정부에 몸담은 소수뿐이어서 지역의 문제를 해결하는 데 어려움을 겪고 있다. 더불어 한 국가의 문제를 해결하는 데에만 특화되어 있어서 초국가적인 문제를 다루기에 적합하지 않다.

토플러는 복잡하고 다양한 문제를 해결하기 위해 때에 따라서는 컨소시엄을 형성하거나 비정부기구를 운영하는 등 유연한 기구 구성이 필수적이라고 주장한다. 또한 문제에 따라 중앙집권적이거나 탈중앙집권화된 형태라는 이분법적 사고를 벗어나 경제의 구조, 정보체계, 문명의 특색과 상호관련성 등을 고려하여 결정권을 재분배할 필요가 있다고 지적한다. 특히 세 번째 원리인 결정권의 분산은 정부의 정책결정 부담을 덞으로써 정치체제를 더 유연하게 한다는 점 외에도 도래하는 새로운 문명의 요구에 우리 사회의 지배층을 형성해 왔던 엘리트들을 순응하게 만든다는 점에서도 커다란 의미가 있다고 주장한다.

우리는 지금까지 새로운 문명의 출현과 그것이 가져올

우리 삶의 변화에 대해 알아보았다. '제3의 물결'이라는 새로운 문명의 출현은 우리 삶의 모습뿐 아니라 사회적 인격과 정치마저도 뒤흔들어 놓을 것처럼 보인다. 특히 새로운 사회적 성격 및 인격의 출현으로 인한 정치의 변화는 권력의 향방을 둘러싼 새로운 투쟁을 예고하고 있다. 이는 매우 복잡한 양상으로 전개될 예정이다. 그 까닭은 정치적 상황이 '제2의 물결' 집단들끼리 벌이는 직접적인 이익 추구와 그로 인한 일상적인 정치적 충돌을 대면해야 하는 동시에 '제3의 물결'에서 생겨난 새로운 정치세력에 맞서기 위해 공동전선을 구축해야 하는 이중고를 겪고 있기 때문이다.

이러한 충돌을 파괴적인 상황으로 이끄는 대신 생산적인 것으로 만들기 위해서 우리는 어떻게 해야 할까? 가장 좋은 방법은 '제3의 물결'에 순응하는 것이다. 그러나 분명 이에 대해 저항감이 큰 사람들도 있을 것이다. 특히 '제2의 물결'에서 기득권을 누렸던 사람들, 예컨대 엘리트들이라면 더더욱 그러할 것이다. 그런데도 그들이 '제3의 물결'에 순조롭게 적응하고 민주주의를 개선하는 데 동의한다면,

'제3의 물결' 문명의 창조과정에 동참하는 것이 아닐까? 그 렇다면 우리는 '제2의 물결' 구성원들과 반목하고 다툴 것 이 아니라, 반대로 그들을 설득하고 이해시켜서 다양성과 소수성이 존중받는 새로운 문명을 만들어 가는 길에 함께 해야 한다.

[세창명저산책]

세창명저산책은 현대 지성과 사상을 형성한 명저들을 우리 지식인들의 손으로 풀어 쓴 해설서입니다.